JN220765

デンマークの教育を支える「声の文化」

オラリティに根ざした教育理念

kodama tamami

児玉珠美

新評論

はじめに

　筆者が生まれたのは、「茅葺の村」として国の重要伝統的建造物群保存地区（1993年）になっている京都府南丹市美山町北村である。小学校2年生の時に愛知県に転居したが、その後も夏休みになると北村の親戚宅を訪れ、長期間にわたって滞在した。その北村で出逢った、忘れることのできない一つの光景がある。

　大学生になってから遊びに行った時のことである。幼い頃にお世話になったお宅で話をしていた時、腰の曲がったおばあちゃんがやって来た。その家の奥さんから「今日は何でしたかねえ？」と聞かれたおばあちゃんは、次のように答えたのである。

「こないだなあ、あんたに会った際になあ、えらい元気なかったさかいになあ、どうしたんやろと思てなぁー」

「おおきに。心配してもろーて、ほんまにうれしいわ」

　うれしそうに答えた奥さん、そして皺だらけのおばあちゃんの柔らかな表情とその声、それぞれの美しさに思わず魅了されてしまった。それがゆえなのだ

「茅葺の村」京都府南丹市美山町北村の風景

ろうか、現在まで筆者は教職に携わりながら、朗読や歌といった「声」を使った活動を一貫して行ってきている。もちろん、様々な教育現場で常に求めてきたものは、対面し、語り合うことで生まれる何かであった。

　教員同士、教員と生徒、どうしたら気持ちが通い合えるのだろうか。求めては絶望することも度々であった。眼前の問題に対し、本音で語ろうとしない大人たち。表面的で、形式的な文言のみで進められる話し合いや会議。心に刻まれないまま飛び交う言葉。声として発せられる言葉の空虚さに疲弊していた頃に出会ったのが、デンマークという国であった。

　初めてデンマークの教育現場を訪れた時の衝撃は忘れられない。日常的に、朝から歌や話し声が流れており、教室も職員室も常に声があふれていた。いつも誰かが誰かに話しかけているのだが、その声のほとんどが強圧的なものではなく、静かで穏やかなものであった。

　なぜ、このような対話が可能なのだろうか。この国の人たちは、幼い頃からどのような教育を受けているのだろうか。子どもたちは、大人に対して信頼感をもって語っている。大人同士も、互いに上下関係を感じさせることなく対話をしている。まるで、美山北村のおばあちゃんのような語りかけばかりであった。語りかけられると返事をしたくなるような声、そして語りかける時の関係性が何か違うのだ。なぜ、この国の人たちは、このような自然な対話ができるのだろうか。

　インタビューで問いかけてみると、「デンマークはそういう国なんですよ」という答えが返ってきた。
「そういう国って、何がそういう雰囲気をつくっているんですか？」
「昔から、デンマークはそうなんです」
「昔って、いつ頃からですか」
「グルントヴィの時からかなぁ……」

　グルントヴィって……いったい誰なのだろう？　こんな疑問を抱いてから、グルントヴィとの格闘が始まった。

　デンマークの教育を理解するためにはグルントヴィのことを理解しなくては不可能だ、とはっきりと突きつけられたわけである。すべてを理解することが

難しくとも、せめてグルントヴィが求めたこと、理想としたことを調べてみようと決心した。そして、名古屋大学の小池直人先生[1]がグルントヴィ哲学の研究者であることを知り、お会いすることになった。小池先生から「グルントヴィのことを勉強したいと言ってきたのは、あなたが初めてです」と言われことも、忘れない一言となっている。

　デンマークの教育制度について、日本に住む多くのみなさんに知っていただきたい。そのために、グルントヴィの思想をできるだけ分かりやすく書いてみようと考えた。また、グルントヴィの対話理念について、何とか教育の視点から論じていくことはできないだろうかとも考えた。そして、その後のデンマークの教育にどのような影響を及ぼしているのかについても明らかにしようと考えたことが本書執筆の理由である。

　少なくとも筆者は、デンマークの教育の底流にある何かが、日本の教育に新しい風を吹かしてくれると思っている。本書を通して、一人でも多くの方々が日本の教育における未来の可能性を模索していかれることを心より願っている。

　しかしながら、それは一人ではできないことでもある。誰かとの「語る・聞く」という相互の関係から、新たな可能性が生まれてくると思われる。美山町北村に住むおばあちゃんが発する「ささやかな対話」から、日本の教育における、社会における「声の文化」が復活していくことを願っている。

　なお、本著の前半は「理論的な内容」、そして後半が「教育現場の実践紹介など」となっている。ご関心のある章からお読みいただければ幸いである。

---

(1)　著書として『デンマークを探る〈改訂版〉』風媒社、2005年があるほか、共著として、『福祉国家デンマークのまちづくり　共同市民の生活空間』西英子共著、かもがわ出版、2007年などがある。また、翻訳書として、ハル・コック『グルントヴィ──デンマーク・ナショナリズムとその止揚』風媒社、2007年のほか、『グルントヴィ哲学・教育・学芸論集』（1〜3、風媒社、2010年〜2015年）がある。本書においては、同論集1巻の『世界における人間』と2巻の『生の啓蒙』は、随所において引用している。

第5章 私立学校
——フリスコーレにおけるオラリティの諸相　　83

第6章 エフタースコーレにおけるオラリティ　　107

「朝の会」でお話に集中する児童たち（ウタスレウ・スコーレ）

デンマークの教育を支える「声の文化」

——オラリティに根ざした教育理念——

デンマークの教育を論じる新たな視点

子どもに寄り添う教員（ヴァレンスベック・フォルケスコーレ）

1 デンマークの教育を研究する意味 —問題の所在と研究目的

　1980年代以降、日本の学校教育現場には不登校やイジメ、学力低下などの問題が山積している。さらに、家庭の内部にも複雑な問題が蓄積し、保護者対応も困難な時代となってきている。この現状に対して文部科学省は、2006年の「教育基本法」の改正から始まる教育改革を展開してきた。改正においては、「『生きる力の衰弱』『秩序・規範意識の希薄化』『学力・学習意欲の低下』と否定的な子ども観を前提とした対応策」[1]という側面が強調された。その結果、学力向上、人材育成の競争が学校教育に導入されることとなった。

　新たな教育テーマや課題が提示され、具体的な教育プランが提案されていく。提案だけならまだしも、実施に拘束力をもたせていることが、現場の教員の作業量を毎年のように増加させている。教育とは何かという根源的な問いかけを置き去りにしたまま、眼前の課題に向けて、教員も子どもたちも走り続けている。そして、学校教育現場の問題が増加していくなか、「むかつく・きれる・本音を話さない」児童生徒を前にして、疲弊した教師たちの逃避さえ始まっている[2]。

　筆者は、30年ほど前に公立中学校国語科教員として教育現場に入った。その後、高校の国語科教員として、15年にわたって生徒たちと向き合ってきた。普通科、工業科、通信制高校と勤務したが、補習が毎日行われる進学校、授業が成立しない困難校、教員集団に問題を抱えている学校など、その状況は様々であった。

　現在は短期大学の幼児教育学科に所属勤務しているが、約25年間の教育現場において一貫して見てきたものは、子どもたちの「受け止めてほしい、抱きしめてほしい、温めてほしい」といった心の声、時には叫びの様相であった。その声と叫びは今も何ら変わることなく、短大の学生たちからも聞こえてくることがある。時には教員を拒絶し、対話すら成立しない生徒や学生との関係性をどのようにつないでいくのかという深刻な現実がある。

　子どもを受容し、子どもの心に浸透していくことができる言葉とはどんな言

葉なのだろうか。語彙能力としての言語能力でなく、子どもとのつながりの再
生、それは教育の復活とも言えるものだが、その関係性の成立に向けての対話
とはいかなるものかを、筆者は教育現場や社会活動のなかで模索し続けてきた。
もちろん、その間にも、イジメや不登校の問題はますます深刻化していった。

　そして6年前、教育において「対話」や「朗読」を重視しているデンマーク
に答えを求めようと考えた。デンマークという国に関心を抱いたのは、下記に
挙げる2冊の著書によるものが大きい。

　1冊は、ハンナ・アーレント著『イエルサレムのアイヒマン』のなかで記述
されている、第2次世界大戦中のデンマーク国民の歴史的事実についての記述
内容である[3]。もう1冊は、教育への親の参加意識調査についての文献のなか
の記述である[4]。さらに、デンマーク教育現場でのイジメ、義務教育段階にお
ける不登校や引きこもりがほとんど見られないことも、デンマークの教育に関
心をもった大きな要因である[5]。

　現在のデンマーク教育理念の基礎は、「はじめに」で記した、デンマークの
哲学者である N. F. S. グルントヴィ（Nikolaj Frederik Grundtvig, 1783～1872）が
構築したとされている。「グルントヴィに言及しないデンマーク論は存在しな

---

(1)　田中孝彦『子ども理解』岩波書店、2009年、3～4ページ。
(2)　保坂亨『学校を休む』学事出版、2009年、88ページ。
(3)　ハンナ・アレント／大久保和郎訳『イエルサレムのアイヒマン』みすず書房、1969年、
　　127～140ページ。第2次世界大戦中、ヒトラーのユダヤ人壊滅のための軍侵攻がヨーロ
　　ッパ中に吹き荒れた時、デンマークもナチスドイツに占領された国であった。もちろん、
　　イタリアやフィンランドなどナチスドイツ反対に動いた国家はほかにもあった。しかし
　　ながら、最初から最後まで徹頭徹尾、全国民をあげてユダヤの人たちを自分たちの積極
　　的な行動で救済したという国はデンマーク以外に存在しなかったという歴史的な事実につ
　　いて、数ページに及ぶ記載がされている。
(4)　OECD教育革新センター／中嶋博・山西優二・沖清豪訳『親の学校参加』学文社、1998
　　年、129ページ。「デンマークの教育制度を最も特徴づけているのは、その一貫性の感覚
　　である。実際に誰も（親、教師、生徒、一般市民が）教育が何のためにあるのか、そし
　　て教育がどこへ向かうべきなのかについて、幅広い同意を共有しているように感じられ
　　る。親は教育の過程のあらゆる段階において、関与することを習慣つけられており、他
　　の国では非常に革新的なものと見られるかもしれない参加の形態が、デンマークでは日
　　常生活の構造の一部として、当然視されている」
(5)　V. Hordel・千葉忠夫「国際シンポジウム──いじめ・不登校のないデンマークに学ぶ」
　　武庫川女子大学大学院、臨床教育学研究、2005年、133～153ページ。

N・F・S・グルントヴィ　　　　クリステン・コル

い」[6]とまで言われている。また、グルントヴィの教育理念は、「生きた言葉」
と「相互作用」による対話が根幹にあるとされている[7]。

　対話を重視しているというデンマークの教育には、グルントヴィのいかなる
教育理念が継承されているのだろうか。グルントヴィによる対話理念の原点と
なるべき啓蒙思想に言及し、デンマーク教育の原点を明らかにしていくことが
必要であると考えられる。

　グルントヴィによる対話理念は、クリステン・コル（Christen Mikkelsen
Kold, 1816〜1870）によって教育現場で具現化されてきたとされている。グル
ントヴィとコルの対話理念は、現在のデンマーク教育にどのような影響を与え
ているのか。グルントヴィによる対話理念を継承している「フリスコーレ
（Friskole）」と呼ばれる私立の小中学校における教育内容を検証し、オラリテ
ィ教育の諸相に関する考察をすることが求められる。それは同時に、現代にお
ける「教育哲学や教育理念から主張された教育」[8]の可能性についての検証に
もなり得るのではないだろうか。

　デンマークの成人教育の研究者であるオヴェ・コースゴー（Ove Korsgaard,
1942〜）は、1997年に著した『光を求めて──デンマークの成人教育500年の
歴史』（川崎一彦監訳・高倉尚子訳、東海大学出版部、1999年）のなかで、デ
ンマークの教育の底流にはグルントヴィの啓蒙思想が流れていることを示して
いる。そして、グルントヴィの生きた言葉による対話や相互作用、生活に根差

した学びを重視する教育理念は、少人数クラスの環境のなかで個々の子どもの発達を重視することでこそ保障されてきたとしている[9]。当然のことながら、少人数クラスの環境は、デンマークの経済基盤によって支えられてきたと言える。

しかしながら、潤沢な教育投資を抑制する必要となった1970年代頃より、デンマークは教育成果を重視する教育制度への転換を図るようになった。そして2000年代に入ると、PISA[10]結果の影響もあり、デンマークは抜本的な教育改革をさらに推進していくようになった。事実、2009年からは義務教育の早期スタート、保育園カリキュラムの充実化、3・6歳の言語評価プログラムなど、様々な取り組みがなされている。その柱となるのが『新しい学校改革（Den nye folkeskole）』[11]であり、公立学校の授業時間数増や評価方法などに関する改革がすでに実施されている。

前述したように、この間、デンマークの教育現場を度々視察してきたが、教育改革のなかにあってもなお、デンマークの教員たちは揺るぎない教育理念を語っていた。グルントヴィを知らない世代の若き教員たちからも、グルントヴィの教育理念そのものが語られることもあった。改めて、グルントヴィの教育理念を理解すること、そして現在にどのように継承され、具現化されているのかを明らかにすることが、デンマークの教育を本当の意味で理解することではないかと考える。

デンマークの教育現場を視察し、インタビューを通して見えてきたものは、対話重視の教育であった。そこには、日本の教育内容、あるいは教育現場における対話とは明らかな差異が存在していた。口頭重視の対話教育のみでなく、

---

(6)　先山実『デンマークを知るための68章』村井誠人編、明石書店、2009年、245ページ。

(7)　オヴェ・コースゴー／清水満訳「グルントヴィの教育思想」日本グルントヴィ教会会報、No24、2012年12月号。

(8)　広田照幸『教育学』岩波書店、2009年、116ページ。

(9)　オヴェ・コースゴー「グルントヴィの教育思想」前掲。

(10)　（Programme for International Student Assessment）経済協力開発機構（OECD）による国際的な生徒の学習到達度調査のこと。対象は調査段階で15歳3か月以上16歳2か月以下の学校に通う生徒であり、日本では高等学校1年生が対象となっている。

(11)　http://uvm.dk/Den-nye-folkeskole　2014年7月4日最終アクセス。

身体的な声を通した表現教育が、すべての教育機関に一貫して取り入れられていたのである。それはまさしく「オラリティ（声の文化）」としてのオラリティ重視の教育と言えるものであった。

つまり、リテラシー中心の学校教育だけではアプローチが困難な教育領域に、オラリティという視点が必要であること、さらにオラリティという視点が創生する新たな教育の可能性をデンマークの教育のなかに見いだしたのである。

さらに、デンマーク教育における対話理念と、日本の教育現場における対話、あるいは言語活動の考え方の差異を明らかにしていくことが必要となってくる。この差異の確認こそが、日本の教育現場における言語活動の質的変化につながっていくと考えられる。

以上が本研究の問題の所在である。これらの提起された問題に対し、次の内容を研究の目的として展開していく。その研究目的は、グルントヴィによる対話理念の視点から、デンマーク教育におけるオラリティの諸相を論じることによって、日本の教育におけるオラリティ創生の可能性を示唆することである。

2 オラリティという概念について

本研究においては「オラリティ」という言葉をテーマと掲げている。オラリティという言葉そのものは、人類学や言語学領域において生まれた言葉であり、現在もなお市民権を得ている段階とは言えない[12]。したがって、ここで本研究におけるオラリティという言葉の意味規定をする必要がある。

オラリティについて、本研究においてはウォルター・J・オング（Walter Jackson Ong, 1912〜2003）のオラリティ概念を参考にしている。また、邦語訳は下記の基準に従っている。

① **オラリティ**——声の文化　声としてのことばの性格。

② **リテラシー**——文字の文化　文字を読み書きする能力。

③ **オーラルな**——声の文化に根ざした声として機能している、声としての言葉に基づく、声に依存する・口頭的な・口伝えのといった意味[13]。

　オングは言語学的な見地から、声の文化（オラリティ）と文字の文化（リテラシー）との間にある心性の違いに着目し、声としての言葉が有する特有の作用について述べている。

　まずオングは、音声、音として声は存在し、視覚優先のリテラシーに対して聴覚優先であることから、視覚と聴覚の感受方法の差異が生じるとしている。モーリス・メルロ＝ポンティ（Maurice Merleau-Ponty, 1908〜1961）が述べたように、視覚は空間を切り離し、「解剖する」[14]のに対し、聴覚は空間を全体的に捉える感覚だとする。視覚が切り離す感覚であるのに対して、聴覚は統合する感覚であるということが「リテラシー」と「オラリティ」の根本的な差異であるという見解を示している[15]。

　その結果、リテラシーとはまったく次元の異なる、声の文化特有の心理学的力学が存在するとしている。口頭での発話が生態の内部から発するゆえ、声としての言葉は力動的（dynamic）であるとも述べている。また、口頭による思考は、極めて洗練されたものであり得るし、反省的でさえあり得るとしている。さらに、声の文化は複雑で知的で、美しい思考と経験の組織をつくり出すことができると述べている。

　オングによれば、声の文化に基づく思考と表現の特徴は、統合し、中心化し、内部をつくり出す音のエコノミーである。話される言葉は、音声という物理的な状態においては人間の内部から生じ、人間同士を互いに意識をもった内部、つまり人格（Persona）として現れさせる。それゆえ、話される言葉は、人々を固く結ばれた集団にかたちづくる[16]。

　したがって、声によって物語を語ることの意味は重要なものであり、物語の語り手の独創性や創造性は、書き手のそれとは次元が異なる。さらに、声の文化にとっては、学ぶとか知るということは、学ぶ内容に対し、感情移入的で、

(12)　ウォルター・J・オング／桜井直文・林正寛・糟谷啓介訳『声の文化と文字の文化』藤原書店、1991年、370ページ。
(13)　ウォルター・J・オング『声の文化と文字の文化』前掲、370ページ。
(14)　モーリス・メルロ＝ポンティ／滝浦静雄・木田元訳『眼と精神』みすず書房、1977年。
(15)　ウォルター・J・オング『声の文化と文字の文化』前掲、235ページ。
(16)　同上、157ページ。

共有的な一体化を成し遂げることを意味している[17]。

オングは、一次的な声の文化は、テクスト的なものが初めてそこから姿を現すことができた、ただ一つの言語源泉であることを強調している[18]。リテラシーを否定しているのではなく、オラリティの意味と必要性を理解することで、リテラシー中心の世界が生み出す疎外や分割といった問題に新しい視点を示唆していると考えられる。

以上のオングのオラリティ概念を、本研究におけるオラリティが意味する内容の基準としていく。

3 本研究におけるオラリティという視点の必要性

オングの論じたオラリティは、文字習得以前の子どもの世界に当てはめることが可能である。さらに、リテラシー中心の学校教育だけでは充足できない感性や情緒の刺激と育成が、オラリティを通して可能になるのではないかと考えられる。

現在、日本の教育問題の解決に向けて様々な視点からの研究がなされている。心理学、社会学、政治学、脳生理学、言語学、民族学などの視点からの研究である。教育問題が解決されず山積していくほどに、新しい視点の教育論が産出されてきた。

教育学者の皇紀夫（大谷大学）が『臨床教育学序説』のなかで述べていたように、「教育言説を構成する語りの筋を発見して、その意味を造りだす場所に向けて差異を仕掛ける語りの工夫がどうしても必要」[19]となることが、その背景にあると考えられる。

教育現場を捉える視点として、オラリティという概念を用いた理由がここにある。デンマークの教育における対話や、言葉の問題について論じていくこと、さらに日本の教育との差異を明らかにするためには、「差異を仕掛ける語りの工夫」が必要なのではないかと考えられる。と同時に、「教育言説の枠組みや語りの筋自体の陳腐化の中、その語線上にどれほど新しい新語あるいは気の利

いた臨床用語を並べて見せても、それらによって教育に新しい意味をもたらすことはできない」[20]という省察も必要である。

「オラリティ」が新語として新しい意味をもたらすことが可能であるかどうかという問いかけに対して、現時点で応えることは困難である。しかしながら、これまでの教育言説では捉えきれない現実を前にして、「差異を仕掛ける語りの工夫」として「オラリティ」という新たな視座からデンマークと日本の教育を見つめ直すことにより、教育研究の新たな可能性を追求していきたいと考える。

4 研究の対象とその方法

本研究は、デンマーク教育と日本の教育を研究対象とした比較教育学研究であるが、研究の目的として示したように、研究の対象はデンマークの教育に焦点を置くものとする。比較研究においては、グローバル化のなか、大型の量的調査による国際比較が主流となっている。しかし、大型の国別ランキング表が注目されているからこそ、学校と教室内で何が起きているのかを、比較分析していくことの重要性が再認識されている[21]。ミクロとマクロを結び、教育を社会的文脈・全体性のなかで理解する方法の必要性が主張されている[22]。

そのために、まずマクロレベルとして、デンマーク教育全体の構造や制度的な内容を研究対象とする。さらにミクロレベルとして、学校レベルの教育現場を研究対象とする。

---

(17)　ウォルター・J・オング『声の文化と文字の文化』前掲、298ページ。

(18)　同上、343ページ。

(19)　皇紀夫「教育『問題の所在』を求めて」『臨床教育学序説』小林剛・皇紀夫・田中孝彦編、柏書房、2002年、20ページ。

(20)　同上、20ページ。

(21)　恒吉僚子「国際比較研究」『教育研究のメソドロジー』東京大学出版、2005年、220ページ。

(22)　ユルゲン・シュリーバー／馬越徹・今井重孝訳『比較教育学の理論と方法』東信堂、2000年、229～266ページ。

　デンマークの教育の文脈においては、グルントヴィの教育理念への言及を避けることができない。本研究においては、グルントヴィの対話理念に注目し、原点となるグルントヴィの啓蒙思想を文献研究として論じていく。その文献は、邦訳が中心となる。さらにグルントヴィの対話理念がどのようにデンマークの教育に影響してきたかを、デンマークの自由教育史を通して論じていく。対話理念に関しては哲学的な論点も必要であるが、本研究においてはグルントヴィの対話理念に焦点を絞った研究対象とする。

　デンマークの教育概要については、デンマーク教育省をはじめとする資料を中心の調査していく。教育現場の諸相としては、私立学校、公立学校などの教育内容を調査、考察していく。また、教育内容のより具体的な提示のため、質的研究方法としてインタビューを実施する。

　インタビューについては、2011年から2015年までに視察を実施した教員養成校、公私立学校の教員および生徒などを対象とした内容である。方法としては、半構造化インタビューの手法を用いた[23]。なお、日本のオラリティ教育については、文部科学省指導要領を中心に分析、考察していくことにする。

5 先行研究

　本論文の研究は、「グルントヴィとデンマークの教育関連の領域」、「オラリティに関する領域」、「日本の教育における声と対話に関連する領域」という三つの領域を対象とする。それぞれの先行研究について説明していく。

（1）グルントヴィとデンマークの教育に関する先行研究

　デンマークについての邦訳文献は、内村鑑三著『後世への最大遺物――デンマルク国の話』[24]に紹介されたのが初めてである。1913年にはドイツ人農学者のA・H・ホルマン（Anton Heinrich Hans Hollmann, 1876～没年不詳）が書いた『国民高等学校と農民文明』[25]が邦訳され、グルントヴィとクリステン・コルが、

デンマーク教育を構築した貢献者として初めて日本に紹介されている。グルントヴィとコルの教育が、対話を中心とした教育であることが紹介されている貴重な文献である。

その後、デンマークの教育についての邦訳文献は、出版点数が非常に少ない状況が続いたが、1970年には農業経済学者の御園喜博が『デンマーク——変貌する〈乳と蜜の流れるさと〉』[26]において農業国デンマークの歴史と現状を紹介した。そしてグルントヴィについては、1987年にカイ・タニング（Kaj Thaning, 1904〜1994）が著した『北方の思想家　グルントヴィ』[27]がようやく翻訳されている。

OECDの教育戦略として生涯教育がテーマになるのと時期を同じくして、デンマークの生涯教育が注目されるようになった。その理念をつくり上げたとされるグルントヴィについても、海外で紹介されるようになってきた。前述のオヴェ・コースゴーが1997年に著した『光を求めて——デンマークの成人教育500年の歴史』[28]は、デンマークにおけるグルントヴィ教育理念を成人教育という視点で捉えた包括的な研究書である。また、1991年には、先に挙げたA・H・ホルマンの『国民高等学校と農民文明』が復刻出版されていることからも、グルントヴィの存在が認知されてきたことが分かる[29]。

デンマークが「幸福度世界第1位」というデータが広まるとともに、日本においても、デンマーク社会の様々な領域についての紹介文献が出版されるようになった。そのなかでも、2011年に邦訳書が出版されたスティーヴン・ボーリシュ（Steven M Borish, 1943〜）の『生者の国——デンマークに学ぶ全員参加の社会』[30]は、グルントヴィと現在のデンマーク社会との関連性について明確

(23)　ウヴェ・フリック／小田博志・山本規子・春日常・宮地尚子訳『質的研究入門——〈人間の科学〉のための方法論』春秋社、2002年。

(24)　内村鑑三『後世への最大遺物——デンマルク国の話』岩波文庫、1994年。

(25)　A・H・ルマン／那須皓訳『国民高等学校と農民文明』東京：同志社、1913年。

(26)　御園喜博『デンマーク——変貌する「乳と蜜の流れるさと」』東京大学出版会、1970年。

(27)　カイ・タニング／渡部光男訳『北方の思想家　グルントヴィ』杉山書店、1987年。

(28)　オヴェ・コースゴー／川崎一彦監訳・高倉尚子訳『光を求めて——デンマークの成人教育500年の歴史』東海大学出版部、1999年。

(29)　A・H・ホルマン／那須皓訳『国民高等学校と農民文明』日本図書センター、1991年。

に記述されている著書と言える。

　アメリカの社会学者・人類学者であるボーリシュがデンマークのフォルケホイスコーレにおいて1年間を過ごすなかで、デンマーク近代化の歴史についての知見を深め、この国の歴史から学ぶべきことがあるという確信に至った経緯を著したものである。デンマーク人の価値観や資質、現在のようなデンマーク社会がつくられた歴史的背景、さらにその発展に寄与したグルントヴィの役割が紹介されているという点においては、画期的な著書と言えるであろう。

　少し遡るが、1993年には清水満（日本グルントヴィ協会幹事）が『生のための学校』[31]を出版している。グルントヴィ教育とデンマーク教育全般について、教育現場の視察報告を掲載しながら、包括的に記述されている内容である。

　そして、1999年に小池直人が著した『デンマークを探る』[32]では、デンマーク社会と民主的教育の関連が言及されている。この間、「デンマークの幸福度世界一」というテーマで、多くの著書によってデンマーク社会が紹介されている。

　しかしながら、グルントヴィ教育理念の根幹となるグルントヴィ哲学についての著書は、これまで日本ではほとんど出版されてこなかった。ようやく2004年、コペンハーゲン大学の神学教授であったハル・コック（Hans Halard Koch,

1904〜1963）の『生活形式の民主主義』[33]が小池直人によって邦訳された。第2次世界大戦後、デンマーク民主主義の方向性に大きな影響を及ぼしたとされる研究書である。民主主義という理念を通してデンマーク社会を分析し、デンマーク民主主義の特徴を生活形式の民主主義であると論じている。

　グルントヴィ自身が書いたグルントヴィ哲学の本格的な邦訳は、2011年の『世界における人間』[34]である。続く2012年、『生の啓蒙』[35]が邦訳出版された。ここに至り、現在のデンマーク社会、あるいはデンマークの教育におけるグルントヴィ哲学の多大な影響が日本で初めて明らかにされ始めたと言える。

（2）オラリティ領域における先行研究

　現在のデンマーク教育については、就学前教育、生涯教育、協働教育など様々な視点からの教育研究がなされているが、オラリティという視点からの研究はこれまで取り組まれてこなかった。本節においては、オング以前のオラリティ研究についての概要を述べていく。

　現代言語学の基礎を構築したソシュール（Ferdinand de Saussure, 1857〜1913）は『一般言語学講義』[36]のなかで、最も肝心なのは口頭の話であり、口頭の話がすべてのコミュニケーションを根底で支えているとしている。その後、1920年代に文学者であるミルマン・パリー（Milman Parry, 1902〜1935）が、ギリシャ朗誦詩の分析によって声としての言葉の特殊性を発見することになる[37]。

(30)　スティーヴン・ボーリシュ／福井信子監訳『生者の国——デンマークに学ぶ全員参加の社会』難波克監修、新評論、1991年。

(31)　清水満『生のための学校』新評論、1996年。この書は、『デンマークで生れたフリースクール「フォルケホイスコーレ」の世界——グルントヴィと民衆の大学』（新評論、1993年）の改訂新版として発行されたものである。

(32)　小池直人『デンマークを探る』風媒社、1999年。

(33)　ハル・コック／小池直人訳『生活形式の民主主義』共栄書房、2004年。

(34)　N. F. S. グルントヴィ／小池直人訳『世界における人間』風媒社、2010年。

(35)　N. F. S. グルントヴィ／小池直人訳『生の啓蒙』風媒社、2011年。

(36)　フェルニナン・ド・ソシュール／小林英夫訳『一般言語学講義』岩波書店、1972年。

(37)　Adam Parry, The Making of Homeric Verse: The Collected Papers on Milman Parry』ford, 1971.

ミルマン・パリーの朗誦詩に対する考えは、アルバート・B・ロード（Albert B. Lord, 1912〜1991）に継承されていった。ロードの『物語の歌い手〔語り部〕』[38]は、伝統的な口承の語りには呪術的、宗教的要素が強いという見解を示しており、声としての言葉の特殊性をより明確に示唆している。

声の文化から文字の文化、さらには印刷技術によって人間の意識がどのように変革されてきたのかを、文明批評家のマーシャル・マクルーハン（Herbert Marshall McLuhan, 1911〜1980）は『グーテンベルグの銀河系』[39]で述べている。マクルーハンは、印刷文化が人間の経験を解体し、知性と感性を分断し、触知的世界像と聴覚的世界像と文字的世界像という分断された世界に我々が生きているという見解を示している。視覚と聴覚の差異については、現象学の領域でもモーリス・メルロ＝ポンティが『眼と精神』[40]のなかで論じている。

それらすべての研究を包括した内容となっているのが、先に挙げたオングの『声の文化と文字の文化』と言える。ミルマン・パリーの声に基づいた口承叙事詩物語の研究を発展させる方向で、声の文化の心理的な力学側面や、声の文化（オラリティ）と書く文化（リテラシー）の相互作用などについて論じている。

（3）日本の教育における声と対話についての先行研究

日本の教育学の文脈においては、対話や声に関する内容は、国語教育における言語教育、あるいは教育的対話といった領域で論じられてきた。教育活動全体をオラリティという視点で論じる本格的な研究論文や著書は、管見の限り見当たらない。教育における対話に関する著書なども出版されているが、多くは対話コミュニケーションスキルや心理学的アプローチからのものがほとんどである。

対話や声としての言葉を新しい視点で捉えた研究としては、様々な臨床現場における「語り」を分析していく「ナラティヴ・アプローチ」[41]と呼ばれる研究方法があり、教育に取り入れた「ナラティヴ・ラーニングと発達援助の理論」[42]といった実践報告もされている。

　また、新しい教育論のなかで対話を論じているものとして、吉田敦彦著『ブーバー対話論のホリスティック教育』[43]が挙げられる。ここでは、ブーバー（Martin Buber, 1878〜1965）の対話論が教育現場におけるホリスティックな視点につながっていくという観点からの教育論が展開されている。対話による人間形成と共同体との関係性については、岡田敦司著『人間形成にとって共同体とは何か』[44]が教育における情動共同体から対話共同体への変換の必要性を論じている。

　さらに、対話や語りといった言語活動という枠組みではなく、教育における声という視点での研究もなされてきた。言語活動における声の重要性については、演出家の竹内敏晴（1925〜2009）が身体と声の実践研究として、演劇と国語教育をつなぐ役割を果たしてきた。『教育の方法——からだと教育』[45]において、「からだから見た教育」というテーマで身体から生まれる声の必要性を説いている。身体に根ざし、身体から生まれ、身体から身体へ受け渡されていく言葉こそが、今の教育問題を解く答えだと主張している[46]。

　国語教育の領域においては、牧戸章が『「からだ」の共振』[47]を著し、ワークショップ型の国語授業の提案による国語教室における身体の復権を試みている。また、国語授業における朗読のあり方を外国との比較教育に求めた論文もある。金井景子著「フィンランド、声がつなぐ言語教育：成長を支える共同性のかたち」[48]は、フィンランドの国語授業の朗読が共同性を形成する基盤になっていることを指摘している。声の文化の特性について、事例的に言及している論文

(38)　Albert B. Lord.『The Singer of Tales』Cambridge MA: Harvard University Press. 1960.

(39)　マーシャル・マクルーハン／森常治訳『グーテンベルグの銀河系』みすず書房、1986年、43ページ。

(40)　モーリス・メルロ・ポンティ／滝浦静雄・木田元訳『眼と精神』みすず書房、1977年。

(41)　野口祐二編『ナラティブ・アプローチ』勁草書房、2009年参照。

(42)　庄井良信「ナラティヴラーニングと発達援助の理論」『創造現場の臨床教育学』明石書店、2008年、153〜179ページ。

(43)　吉田敦彦『ブーバー対話論のホリスティック教育』（教育思想叢書8）勁草書房、2007年。

(44)　岡田敦司『人間形成にとって共同体とは何か』ミネルヴァ書房、2009年。

(45)　竹内敏晴「からだから見た教育」『教育の方法8』岩波書店、1987年、339〜373ページ。

(46)　同上。

(47)　牧戸章「『からだ』の共振」『ことばの学び』三省堂、2009年11月号。

と言える。

　そのほか、教育学者の秋田喜代美による『教師の言葉とコミュニケーション』[49]のように、教室の場の雰囲気が対話や教員の声の影響によるものであるという観点から、多声的な教室のデザインという新しい視座で学校文化を捉えているものもある。

6 本研究の意義

　三つの領域における先行研究を検討した結果、次の３点が明らかになった。

　第１点目として、デンマークの歴史、社会、教育と各領域についての研究は、一般書から比較教育学関係のものまで年々多くの文献が出版されているが、教育政策や教育制度の紹介、学校視察の段階に留まったものが多く、「幸福度世界第１位」のデンマーク社会を構築している基盤となる教育制度と教育内容を、グルントヴィの哲学と教育理念の視点から論じたものは、これまで文献としては存在していないということである。

　第２点目として、デンマークにおける対話重視の教育を、オラリティの視点で論じられたことがこれまでなかったということである。そして第３点目として、声や対話という新しい視点で教育現場を捉えようとする研究は増えているが、声の文化（オラリティ）という包括的な観点で教育活動や内容を論じたものは、日本にはほとんど見られないということである。

　以上のように、デンマークの教育の基盤となっているグルントヴィの教育理念から読み解いていくという点、さらにはグルントヴィの教育理念の根幹である対話理念をオラリティという概念で捉え直し、現在のデンマークの教育を研究するという点に本研究の独創性があると言える。

　さらに、グルントヴィの教育理念を直接的に継承している私立学校のみならず、公立学校への影響も含め、教育現場全体のオラリティ教育の諸相を明らかにすることは、デンマークの教育の本質を捉えることにほかならない。それは同時に、現代における教育哲学や教育理念から主張された教育の可能性につい

ての検証にもなり得ると考えられる。

　オラリティという視座を通して、デンマークという国の教育に普遍的意義を見いだし、新たな教育創造の可能性を示唆していくという点に、本研究の意義があると考えられる。

7 本著における表記について

　本著においては、様々な教育用語が使用されている。基本的には、日本の教育用語に適応する記述をしている。しかしながら、教育制度などの違いもあり、対応させることが困難であることから統一していない用語がいくつかあるため、下記において用語表記についての説明を加えておく。

学校

　デンマークにおいては、日本の小学校と中学校を統合したものが一つの教育機関となっている。本著においては、公立学校とグルントヴィ系私立学校の区別のため、公立学校を「〜 forkeskole」、私立学校を「〜 friskole」と表記することとする。

教員・教師・先生・ペダゴー

　教育制度の枠組み、あるいは職業的な視点で捉えている場合は「教員」という表記となっている。一方、教育哲学的な視点で捉えている場合は「教師」という表記となっている。教師と表記されているものは、グルントヴィやコルの教育理念についての章であり、邦訳の表記に従ったものでもある。

　教育現場のインタビューなどで、生徒や他の先生が相互に呼び合う場合は「先生」と表記されている。デンマークにおいては、児童生徒は教員に対して

⑷　金井景子「フィンランド、声がつなぐ言語教育：成長を支える共同性のかたち（二）」2010『早稲田教育評論』26号1巻、2010年。
⑷　秋田喜代美『教師の言葉とコミュニケーション』教育開発研究所、2011年。

保育園の年少クラスの子どもたちとペタゴー

敬称で呼ばず、ファーストネームで呼んでいるため、本著では日本の教育現場に即した形で表記することとした。

　なお、デンマークの公立学校の０学年の担任は、日本の保育士に相当する「ペダゴー」（75ページの註を参照）である。学校現場においては、教員は「レイア（Lære）」、ペダゴーは「リーラー（Leder）」という名称となっているが、日本の保育および教育現場に即して、授業記録などにおいては「先生」という表記としている。

児童および生徒

　デンマークでは、初等教育段階である小学校と前期中等教育段階である中学校が統合されているため、日本のように児童と生徒の区別はない。児童も生徒も「elever（エレア）」という名称で呼ばれている。本著では、日本の教育制度に沿って、小学校段階では「児童」、中学校段階では「生徒」と表記することとした。また、両者を対象とする場合は「児童生徒」という表記とした。

　なお、原著で「børn（バーン）」という表記となっているもの、あるいはインタビューのなかで「børn」として語られたものについては「子ども」という表記となっている。

第 1 章

グルントヴィの啓蒙思想

ヴァートフ（Vartov）教会の中庭に立つグルントヴィ像。建物には、グルントヴィの研究機関も入っている。

N. F. S. グルントヴィは、1783年、デンマークシェラン島南部のウズビュ（Udby）村の教会牧師館に生まれた。のちにコペンハーゲンで、詩人、牧師として著作活動や言論活動を行った。晩年には政治家としても活躍し、1872年に亡くなっている。デンマーク社会に多大な影響を残し、現在でもデンマークの「国父」と言われている思想家である。

聖職者であるにもかかわらず国家教会の批判をし、近代デンマークの思想家として多くの著作を残したグルントヴィであるが、後世への最も大きな貢献は彼の教育論であったとされる。現在のデンマーク教育省のウェブサイトにも下記のように記されている。

> デンマークにおけるフリースクールの伝統や考えは、聖職者、詩人、政治家であるグルントヴィ、教師であったクリステン・コルの功績に由来している。彼らの考えに基づき、「生きた言葉に基づいた生のための学校」として1844 年にフォルケホイスコーレが設立され、1852年に子どものための学校が設立された。それらは特に農村の人々のためのものだった[1]。

グルントヴィの教育理念がデンマークの教育に大きな影響を与えてきたことが、この叙述からも分かる。上記の「生きた言葉に基づいた生のための学校」とは、グルントヴィらが設立したフォルケホイスコーレ（Folkehøjskole）のことである。現在も、デンマーク国内をはじめとして北欧諸国や世界中で運営されている。この「生きた言葉に基づいた生のための学校」のなかで、最も重視されたのが「対話」であったとされる。

現在もなおデンマークで影響力があると言われるグルントヴィの教育理念を支えていた「対話」とは、いかなる内実のものであったのか。まずは、グルントヴィの思想的背景の考察を通して、グルントヴィの対話理念を明らかにしていく。次に、グルントヴィの対話理念を継承し、具現化したと言われるクリステン・コルの教育活動と学校設立運動について言及する。

さらに、グルントヴィとコルの教育理念が現在のデンマークの教育にどのように影響してきたのかを明らかにしていくことで、グルントヴィの対話理念の

今日的な意味を見いだしていく。

　なお、グルントヴィに関する英訳あるいは邦訳文献数は近年刊行され始めたものの、これまでは数少なかった。同時代のデンマークの哲学者キェルケゴール（Søren Aabye Kierkegaard, 1813〜1855）や童話作家アンデルセン（Hans Christian Andersen, 1805〜1875）の英訳・邦訳著書の多さに比較すると数えるばかりである。

　デンマークの作家のなかでは最も多くの文献を残しているにもかかわらず、諸外国でグルントヴィ研究がなされてこなかった背景にはいくつかの要因があると考えられる。デンマーク語の難解さに加え、グルントヴィ独特の「国民啓蒙（folkeoplysning）」や「生きた言葉（det levende ord）」などといった表現があり、北欧神話やキリスト教という日本人にとっては理解が困難な要素が中心的な存在となっていることが挙げられる。さらに、英訳があまりなされなかった背景には、グルントヴィのイメージが、19世紀農民イデオロギーという社会主義思想家として捉えられがちであったということも考えられる[2]。

　したがって、本章におけるグルントヴィの個人史、思想および教育論についての論述は、グルントヴィ研究家であるハル・コックと小池直人の著書および邦訳書を参考に進めていく。

1 グルントヴィの啓蒙思想の背景

「デンマークにとって、グルントヴィほど重要な意味を持つ人物はいない」[3]とカイ・ダニング（13ページ参照）が述べているように、グルントヴィは教育のみならず様々な領域において活躍した。その領域は、歴史家、文化哲学者、詩人、教育学者、さらに政治家でもあった。しかしながら、グルントヴ

---

(1) デンマーク教育省（http://eng.uvm.dk/ Private School in Denmark）および、http://eng.uvm.dk/Education/Primary-and-Lower-Secondary-Education/Private-Schools-in-Denmark（2016年 9 月12日最終アクセス）を参照。
(2) N. F. S. グルントヴィ／小池直人訳『世界における人間』風媒社、2010年、72ページ。
(3) カイ・タニング『北方の思想家　グルントヴィ』前掲、7 ページ。

ィ自身は教育理論家でも教育実践家でもなかった。

　グルントヴィの教育思想は、「国民国家的、政治的事柄にかんする仕事の副産物」[4]であり、彼が生涯を通じて関与した「諸問題の複合体」[5]であり、それらすべては「生きた言葉（det levende ord）」、「人生の啓蒙（livsoplysning）」、そして「国民啓蒙（folkeplysning）」という三つの基本理念の具現化の結果であったと考えられる[6]。小池もまた、「生の啓蒙（livsoplysning）」をグルントヴィ哲学の核心であると指摘している。

　グルントヴィの教育理念の原点となるグルントヴィ哲学における「啓蒙」とはいかなる概念であったのか。まずは啓蒙思想が勃興し、ヨーロッパの主流となった18世紀の歴史的背景を概観する必要があると考えられる。

　なお、デンマークの歴史的な記述に関しては、『デンマークの歴史』と『出デンマークの歴史・文化・社会』[7]を参考とする。また、グルントヴィの伝記として『グルントヴィ小伝——時代と思想』[8]を参考とする。

（1）歴史的背景

　グルントヴィの啓蒙思想の背景となった歴史的背景と、1700年代後半から1800年代後半にかけてのデンマークの状況を簡単に述べておく。

　グルントヴィが誕生する以前のデンマークの歴史のなかで、グルントヴィの思想に大きく影響したものとして取り上げるべきものと言えば宗教改革である。16世紀におけるヨーロッパ諸国での宗教改革の波は、デンマークでも大きな改革となって実現した。

　デンマーク教会をローマ教会から独立させることを目的とし、デンマーク国内で宗教運動が展開されたが、最も注目すべきは、1537年に行われた『聖書』のデンマーク語への翻訳である。ドイツ・ルター派の承認を受け、当時ラテン語でしか書かれていなかった『聖書』がデンマーク語に翻訳されたのである。さらに、『聖書』の翻訳のみでなく、下記項目内容についても改革された。

　❶デンマーク語による教会の説教

　❷聖書の購読、賛美歌の合唱や儀式方法

❸教区牧師の自由選出
❹学校制度や救貧制度[9]

　教条的に神の言葉を受け取るのではなく、生きている人間の営みを重視した改革と言える。グルントヴィの「まずは人間、しかるにキリスト者」とか「人間性はキリスト性に先立つ」[10]という考え方は、この人間重視の宗教改革の精神から生み出されていると考えられる。

　その後、デンマークは周辺国との対立、戦争を何度も経て、18世紀の啓蒙主義時代を迎える。フレデリク5世（Frederik V, 1723～1766）の下、ヨーロッパにおける経済文化の中心としてコペンハーゲンが栄えた。ドイツをはじめとして多くのヨーロッパ諸国の王たちが、フランス啓蒙思想の影響を強く受けて啓蒙専制君主として軍国主義に向かったのに対し、デンマークは常に穏健な政治を堅持した。そして、啓蒙思想はデンマークに農業改革の風を起こし、農民開放への道筋を切り拓いていった。

　啓蒙思想による農民解放運動に対して、デンマーク絶対王政による自由抑圧が激化したが、同時にその絶対王政が民主化を推進していった。1792年、世界に先駆けて決定された奴隷貿易の廃止と1814年の初等教育の義務教育制度化は、その後のデンマーク社会構築の基盤となるものであったと考えられる。

　グルントヴィが生まれた1783年当時は、デンマークはまだ落ち着いた時代であったと言える。デンマークはヨーロッパ諸国の不安定さをよそに、政治的紛

⑷　オヴェ・コースゴー／清水満訳「グルントヴィの教育思想」日本グルントヴィ教会会報、No24、2012年12月号。"Grundtvig's Educational Ideas"Heimdal, No24. 2002. 12.
⑸　同上。
⑹　スティーヴン・ボーリシュ／福井信子監訳 、難波克監修『生者の国——デンマークに学ぶ全員参加の社会』新評論、2011年、192ページを要約。
⑺　橋本淳『デンマークの歴史』創元社、1999年。浅野仁・牧野正憲・平林考裕『デンマークの歴史・文化・社会』創元社、2006年。
⑻　ポール・ダム／小池直人訳「グルントヴィ小伝——時代と思想」名古屋大学社会文化形成研究会 FSCN、ディスカッションペーパー、No14-1、2015年。
⑼　橋本淳、前掲書、62ページ。
⑽　ハル・コック／小池直人訳『グルントヴィ』風媒社、2007年、186ページ。

争に巻き込まれることなく、商業も文化も大きく世界に羽ばたいていった。「コ
ペンハーゲン・スタイル」と呼ばれ、デンマークは世界に開けた国となりつつ
あった。

　このような時代にグルントヴィは地方の牧師の子として誕生し、キリスト教
ルター派の純粋な教育を受けてきたのである。特筆すべきは、幼い頃より母か
ら歴史物語や詩の朗読、賛美歌を聴きながら育ったということである[11]。

　やがてグルントヴィは生家を離れ、ユラン半島にある教区の牧師宅へ預けら
れることになった。そこでグルントヴィは、寄宿生活をする少年たちとともに、
ラテン語や歴史、神学について学んでいった。

　1800年、17歳のグルントヴィはコペンハーゲン大学に合格し、神学研究を始
めることとなった。この頃からグルントヴィは、教会教義に疑問を抱き始めた。
農民誌を読みふけったり、近隣の学校現場の教師の援助に努力を惜しまなかっ
たりしたのである。グルントヴィのなかに、民衆に対する「生の啓蒙
（livsoplysning）」の意識が芽生えていったと言える。神学研究を深めていくな
かでグルントヴィは、迷信、背徳、貧困と闘うことのできる牧師活動を夢見て
いた[12]。

　そして、グルントヴィが20歳の時にナポレオン戦争（1803年〜1815年）が勃
発した。デンマークはあくまでも中立的立場を堅持しようとしたが、周辺諸国
との政治的交渉には失敗している。フランスと同盟を結ばざるを得ない状況と
なり、ナポレオンとともにイギリスと戦うことになったのである。

　この戦争でデンマークは敗戦し、国家破産とも言える財政状況に陥った。国
を支えていた農業も苦境に立たされ、失業問題が深刻化し、国民生活は困窮し
ていった。

（2）グルントヴィの啓蒙意識の萌芽

　この混迷の時代に、ドイツロマン主義の影響を受け、デンマーク文学と文化
は大きく開花している。グルントヴィも、このドイツロマン主義に多大な影響
を受けることとなる。ノルウェー出身の地質学者でもあったヘンリーク・シュ

テフェンス（Henrik Steffens, 1773〜1845）がドイツでロマン主義の影響を受けて帰国したのち、1802年から 1 年間、コペンハーゲン大学で開講をしている。その講義をグルントヴィも聴講していた。

「歴史は精神の啓示である」と語ったシュテフェンスの言葉に、グルントヴィは強く共鳴した。グルントヴィにとってシュテフェンスの歴史への視点は、その後ナポレオン戦争に惨敗したデンマークの歴史と重なり、まさに新しいヴィジョンである「歴史・詩的」を発想する契機となったのである。グルントヴィは歴史と自己の人生を重ね合わせ、次のような言葉を残している。

> 　私は歴史を自己展開するドラマと考える。したがって、そのドラマは人間の内面にある想像の火花によってのみ着火されるのであり、闘争の進行とともに歩み入る詩文、時代に努力してめざすものを告知する、この上なく神聖な詩文として現れるのだ[13]。

この記述から分かるように、グルントヴィは、歴史が人類史であると同時に自己の人生史でもあるという考えに目覚め、歴史を創造していくのは個々の内なる想像であり、詩文として表現されるものだと考えるようになった。啓蒙活動のなかで、個人の想像力と歴史を重視した根拠がこの記述にある。

グルントヴィの歴史と詩文についての見解は、その著書『北欧神話記』のなかで学問的な考察として展開される。しかしながら、グルントヴィは学問的研究が目的ではなく、あくまで「民属・民衆の覚醒」[14]ということを目指していた。そして、書物のなかで論ずることより、人々に直接語りかけ、人々の想像力を湧き立てることを重要視した。人々の想像力から詩が生まれ、そしてその詩、つまり「生きた言葉」が人類の歴史を創造していくと考えたわけである。

グルントヴィはロマン主義からも学問研究からも遠のいていく。「民属・民衆の過去に残された豊かな精神的遺産にたいして自国の人々の目を開くこと、

---

(11)　同上、20ページ。

(12)　同上、39ページ。

(13)　同上、58ページ。

その遺産を生きる力に変えること、つまり「民属・民衆の啓蒙」がグルントヴィの課題となったのである。

2 グルントヴィにおける「生の啓蒙」

（1）グルントヴィの宗教観

　グルントヴィの啓蒙思想については、一般的な三位一体である「個人」、「民衆」、「人類」についての思想であるとされている[15]。では、グルントヴィは「個人」、「民衆」、「人類」を啓蒙思想のなかでどう捉え、関連させていったのだろうか。まずは、当時のヨーロッパにおいて避けることができなかった問題、神と人間についてのグルントヴィの考えを叙述しておく。

　グルントヴィは宗教的な活動も展開していった。40年間にわたって牧師を続け、多くの賛美歌をつくっている。今日の、デンマークで歌われている賛美歌の3分の1が彼の作詞となっている。さらに、神学論文や宗教論説も手掛けている。

　しかし、彼の文化的な視点がそれまでの哲学者と大きく異なる点は、キリスト教にとらわれることなく、「キリスト教と、いかなる形式であれ、文化的な努力との両者が『人間の生のために』ある」[16]という結論に至ったということである。ルター派の教会環境で成長し、ルター派教会の牧師として生きてきたグルントヴィであったが、当時のデンマーク教会の教条主義や教会至上主義を批判的に追及していった。

　『聖書』の言葉は主である神の言葉である

グルントヴィが作詞した歌が入っている「フリスコーレ・ソングブック」。現在も学校で使われている

にもかかわらず、「現実に人間が語っている言葉であることにこそ意味があるということ。その生きた言葉は歴史の、人間の息であって、それなしには地球上に何ら歴史が存在し得ない」[17]という結論に至った。そこには、神への信仰はあくまでも人間のためにあるのだというグルントヴィの人間主義の考えが現れている。この人間を第一義的に考える思想が、グルントヴィの啓蒙思想の根底にあると考えられる。

　神から生を授かった人間が、生を全うするための救済として神の存在がある。しかし、神の救済を賛美するだけの宗教であるならば、神の存在意味はない。生を滅ぼす死から人間を自由にし、生そのものに結合され、人間自らが生の意味を知ることが啓蒙だとグルントヴィは主張する。その生の意味を知ってこそ、神の存在の意味があるとしたのである。グルントヴィは、あくまでも人間の生を輝かせることを追求したわけである。

　グルントヴィにとって、啓蒙とは人間の生に栄養を与えるものであった。人間の生が、教会、国家、そして学校のなかで真に生きること、もしくは活発となることを啓蒙の目的としたのである。

（2）グルントヴィにおける個人の啓蒙

　さらに、グルントヴィは啓蒙を個人の意識覚醒として捉えていく。1784年にカント（Immanuel Kant, 1724〜1804）が提出した「啓蒙とは何か」という問いは、その後、様々な哲学者によって問いかけられた。グルントヴィ自身も、「啓蒙はきわめて曖昧で多義的なことばである」[18]と述べている。しかし、グルントヴィが、啓蒙について明確にしている点がある。

　「諸々の論者がより高度な啓蒙について語る場合、彼らはある種の仕方で、自分たち自身についてしゃべっている」[19]のであり、詰まるところ「民衆の啓蒙

(14)　「民属」は小池の邦訳語。民属概念については本章の注(29)を参照。

(15)　オヴェ・コースゴー「グルントヴィの教育思想」前掲。

(16)　カイ・タニング『北方の思想家　グルントヴィ』前掲、135ページ。

(17)　同上、101ページ。

(18)　N. F. S. グルントヴィ／小池直人訳『生の啓蒙』風媒社、2011年、73ページ。

とは最初から終わりまで自分自身の啓蒙のこと」[20]と考えることができる。現代の言葉で言えば、「啓蒙は自己啓蒙、個人化」[21]と換言することが可能なのである。

　同時にグルントヴィは、この「個人化」に対して一つの警鐘も鳴らしている。「個人の利害から出発し、その利害が諸々の法や規則を認めないような光のなかに啓蒙をすえつける」[22]という、社会を解体していくような啓蒙を批判している。個人の利益のみを出発点とした啓蒙は、何の貢献もせず、公的権威に利益を提供することもない。また、公的権威が欠落すれば、個人自身は他者の長所や価値を考慮せず、他の人々に最小の利益しか与えない。こうした個人の利益のみを目的とした啓蒙を「個人化」と称して厳しく批判し、間違った啓蒙としたのである。

　これに対して、個人として共同・友愛の美徳によってのみ存在するという条件に基礎づけられている啓蒙を真の啓蒙とした。それは、「あらゆる人間の生に広がり、個人と国民（民衆、人民）、そして人類の生活の間での深い結合を示すような啓蒙、社会のあらゆる条件に対し望まれるような考え方を発展させる啓蒙」[23]とグルントヴィは考えたのである。

（3）グルントヴィの国民啓蒙思想

　このグルントヴィの啓蒙思想は、ヘルダー（Johann Gottfried von Herder, 1744～1803）の歴史観の影響を大きく受けているとされる。ヘルダーは『人間性形成への歴史哲学異説』[24]のなかで、当時主流であった啓蒙時代の普遍主義を批判している。ヘルダーの提唱した歴史的・文化的相対主義は民族中心主義であり、グルントヴィに多大な影響を与えたとオヴェ・コースゴーは述べている[25]。

　我々はすべて異なる民族や国民に属している以上、人間が直接手に入れられる万物普遍の光はない。民族および国民が万物普遍の光の一部を得ることだけが可能である。個々の子どもがその成長の上に文化全体の発展史を繰り返し、各国民は独自の民族と国民精神をもつという差異観念が存在し、各時代、各国家において独自の幸福の形を実現しようとする多くの国民が存在するとヘルダ

ーは考えたのである。問うべき歴史の意味は、差異性と多様性にあると主張した。したがって、啓蒙の光は普遍的な唯一絶対のものではなく、各国家の国民と歴史のなかにあると考えたわけである。

　ヘルダーのこの考えの影響を受けたグルントヴィは、コスモポリタニズム的な人類の普遍的な理想を重視するのではなく、国民という運命をともにする総体を重視しなければならないと主張した。啓蒙時代、ヘルダーもグルントヴィも、人類にとっての光は下から、国民から来るものだと考えた。そして、支援すべき啓蒙は若者へのものであり、若者により一層の援助を行うことが人間の生全体の輝きを増すことであるという啓蒙思想に到達したのである。

　グルントヴィのテキストには、「folkelig」という言葉が頻繁に出てくる。一般的な邦訳としては「民族的」という語があてはまる。しかし、オヴェ・コースゴーは、「folkelig」はデンマークの歴史のなかで構築された概念であり、その概念を他言語に訳すことは困難であると述べている[26]。コースゴーによれば、「folkelig」は国家と国民の両方、あるいは国民として理解された国家、真の国民という概念となる。

　さらにグルントヴィは、国家と国民についての考え方として、「国民・民衆はそれ自身によって存在するのではなく、それが自己を反省できるようになって初めて自己の存在を得る。それゆえ存在と自己反省は同じ事柄の二つの面である」[27]と述べている。また国家と国民は、「共通の空間、共通のアイデンティティー、共存の経験を創造する」[28]としている。小池は、この「folkelig」のニ

---

(19)　同上、153ページ。

(20)　オヴェ・コースゴー「グルントヴィの教育思想」前掲。

(21)　同上。

(22)　N. F. S. グルントヴィ『生の啓蒙』前掲、75ページ。

(23)　オヴェ・コースゴー「グルントヴィの教育思想」前掲。

(24)　ヨハン・ゴットフリート・ヘルダー／小栗浩・七宗慶紀訳『人間形成のための歴史哲学異説』（世界の名著7）中央公論社、1975年。

(25)　オヴェ・コースゴー「グルントヴィの教育思想」前掲。

(26)　同上。

(27)　同上。

(28)　同上。

ュアンスを「民属・(民衆的)」という新しい訳語で表現している[29]。

いずれにせよ、グルントヴィは自ら掲げた「国家・国民の啓蒙（folkeoplysning）」の提唱者として、「狂信的な愛国者と呼ばれたこともあるが、グルントヴィの国家の啓蒙は決して狭い愛国主義の視点で語られたものではない」[30]とスティーヴン・ボーリシュは主張している。

> 地球上のすべての民族、種族、国民も、世界の歴史が展開するうえで、貴重な役割を持っているとグルントヴィは考えていた。さらにグルントヴィは、デンマークへの愛に満ちているが、デンマークが諸外国より優越しているということを言っているのではなく、また、すべての草の根運動が必ず正しいという信念もグルントヴィには存在していない[31]。

国民啓蒙というグルントヴィの概念には、このような「二元的な推進力」[32]があるというのである。つまり、国家というレベルでの啓蒙と、国民個々のレベルでの啓蒙との二元である。この国家と個人の啓蒙活動が相互的に推進されることが、啓蒙の構築には不可欠だと考えたのである。そして、世界中の人々は、すべてある特定の民族（folk）という歴史的な脈絡のなかに生まれ、各人の啓蒙のドラマはその枠内で演じられなくてはならないとしたのである。

（4）グルントヴィの国民啓蒙の視点

ここで明らかにしておくべきことは、一般的な啓蒙とグルントヴィの啓蒙との決定的な違いである。グルントヴィは、啓蒙とは学問的に優れた者たちが一般庶民に学ばせることではなく、デンマークに住む人々が母語であるデンマーク語によって自ら国民として覚醒することだと述べている。そしてそれは、書かれた言葉ではなく、生活のなかで語られる言葉によってのみ可能であるとグルントヴィは考えた。さらにグルントヴィは、『世界における人間』において次のように述べている。

　　各個人に感覚的に生じる発達が一連の世代において精神的に自覚される
ように歩むとき、それらの世代が相互に内的に連関し合い、ひとりの人間
を精神的につくりあげるということ、したがって、その端緒において人間
の父がおり、その父からすべての世代が生み出され、最後に、すべての世
代には父とともに解明される人間の子孫がいるということ。（略）したが
って、後続する世代が先行する世代自体を精神的に取り上げることができ、
新しい世代を発達させることができるというのは可能でなければならな
い[33]。

　つまり、人間が共通する生の経験に自覚的に生きていくことができれば、次
世代との内的なかかわりのなかで次世代を精神的に発達させることが可能であ
ると述べているのである。そして、次世代に継続されるべきは、人間自らの「長
所全体」[34]としている。
　「長所全体を自らの子孫に再生させる」[35]ことが人類に課せられたものであり、
人間は自覚的に自らの自己意識を伝達するために、自己意識を十分に理解しな
ければならないとする。自己意識の十分な理解こそが「人生の啓蒙
（livsoplysning）」であるとする。人生の啓蒙を伝え、継承するためには、教科
書を暗記するような授業では不可能である。光と闇、真実と虚言、死と生につ
いては、人生そのものによってしか教えることはできない。教養あるエリート
よりも、一般の人々の生活や知恵のなかにこそ、人生の啓蒙の教えがあるとし

---

(29)　N. F. S. グルントヴィ『生の啓蒙』前掲。訳者の小池によれば、「民属」とは「民族
　　　（nation）」という概念とは異なるとしている。19世紀から小国が近代化により、帝国化
　　　していったが、デンマークは生き残る方法として、無制限な経済的グローバル化ではな
　　　く、国、地域単位の経済圏を確立していくことを選択した。そのデンマークの目指した
　　　あるべき国家像として「民属」があるという。
(30)　スティーヴン・ボーリシュ『生者の国——デンマークに学ぶ全員参加の社会』前掲。
(31)　同上、193ページを要約。
(32)　同上。
(33)　N. F. S. グルントヴィ『世界における人間』前掲、79ページ。
(34)　スティーヴン・ボーリシュ『生者の国——デンマークに学ぶ全員参加の社会』前掲、80
　　　ページ。
(35)　オヴェ・コースゴー「グルントヴィの教育思想」前掲。

たのである。

　人生そのものによってのみ、個人の啓蒙を教えることが可能になるとしたグルントヴィは、既成の学校制度を批判していった。当時のラテン語によるテキスト中心の学校教育を「死んだ学校」とし、デンマーク語による対話によって「生きた学校」にならなければいけないとした。死んだ学校から生の学校へ開かれるためには、書くことから言葉が開放されることで、人間的な威力を生み出すことが可能になるとグルントヴィは考えたのである。

　そして、具体的にどのようにして民衆に働きかけていくかという命題に対してグルントヴィが出した答えは、「生きた言葉（det levende ord）」と「相互作用（vekselvirkning）」による対話であった。

　次章では、グルントヴィの「生きた言葉」と「相互作用」の概念がいかなるものであったのかについて論述していく。

グルントヴィの対話理念

住宅街に佇むグルントヴィ教会（Grundtvigs Kirke）

1 グルントヴィの人間観

グルントヴィの言う「生きた言葉」と「相互作用」を論述するうえで、グルントヴィがいかなる人間理解をしているのかということが前提となる。まずは、グルントヴィの人間観について言及しておきたい。本項では、哲学的論証ではなく、あくまでもグルントヴィの教育思想の基盤となった身体観、精神観を簡潔にまとめていく。

『世界における人間』では、グルントヴィは人間の身体的条件、人間の精神的条件、人間の自己自身に対する関係について述べているが、グルントヴィは人間の精神は身体と不可分な存在であるとし、「身体は目には見えないがすべてに貫徹して働く力にとって、つまり精神にとって個別的なものとして感覚的に現存することはできない」[(1)]としている。さらに、身体と思考の関係性について、グルントヴィは次のように述べている。

> 生を欠いたものはすべて死せるものであり、あらゆる創造がひとつの生命付与、生気づけである。もし生を欠いたものが生気づけられれば、それは考えることができるし、考えるようになる。なぜなら、思考は生の感情の発達に他ならず、身体が思考によってそれ自身を理解できる場合に、身体はそれ自身を意識に、理性的な魂、思考する魂をもつからである[(2)]。

ここでグルントヴィは、人間の身体と精神を分離したものとしてではなく、人間を「有機体統合体」[(3)]と捉えていることが分かる。身体の発達は意識化を促し、身体に生の感覚があれば、そこに理性的な魂と思考する魂が創造される、と述べている。もちろん、グルントヴィがここで言う「生」とは、単に呼吸をし、肉体的維持をするという意味ではない。グルントヴィの言う「生」とは、生きる意味を意識すること、生きる意味をもつことと換言できるだろう。インスピレーションとでもいうべき言葉である。

人間の身体、精神や言葉を分離した存在としてではなく、すべてが関連して

いるという、一つの有機体として人間を捉える包括的でホリスティックな視点は、グルントヴィの人間観の支柱となっている。そして、有機体統合体としての存在である個が民衆を形成し、民衆の歴史が人類の歴史を創造していくと考えたのである。

したがって、前述したように啓蒙と言う場合、個人の啓蒙と民衆の啓蒙という「二元的な推進力」[4]が存在するとしたのである。個の啓蒙と国民全体の啓蒙は、連続的な相互作用による啓蒙運動によって網羅的に推進されていくとした。さらに、国民の啓蒙の基盤となる個の啓蒙は教育によって行われるべきであり、個人の啓蒙に最も必要なものが「生きた言葉」であるという結論にグルントヴィは達したのである。

2 グルントヴィの「生きた言葉」

（1）歴史的である「生きた言葉」

グルントヴィによれば、「生きた言葉」とは、日常語で生の具体的な面を記述するための新しい言葉を各個人が見いだすことであるという。その生きた言葉が、個人の啓蒙と国家の啓蒙の連続的相互作用を可能にすると考えたのである。

「個人が結びつけられている現在の生との連続性からの、歴史の非分離性に基づいている人格的な形」[5]となって生きることができないならば、歴史は死んだものと同じだと述べている。そして、個人の生の具体的な面を記述する言葉ことが「生きた言葉」であり、個人の「生きた言葉」に込められ共有される感

---

(1)　N. F. S. グルントヴィ『世界における人間』前掲、37ページ。

(2)　同上、48ページ。

(3)　同上、129ページ。

(4)　スティーヴン・ボーリシュ『生者の国──デンマークに学ぶ全員参加の社会』前掲、193ページ。

(5)　カイ・タニング『北方の思想家』前掲、147ページ。

情を、グルントヴィは「詩」と表現している。生の啓蒙を「歴史的・詩的」とグルントヴィが称した理由がここにあり、グルントヴィの啓蒙思想の真髄がここにあると考えられる。

　グルントヴィの教育における言葉の重要性についても、ヘルダーの影響が大きいと考えられる。当時、学術界では言語の起源を人間ではなく「神から与えられたもの」とする伝統的な言語神授説が影響力をもっていた。それに対する反論として、ヘルダーは1772年に『言語起源論』を出版した。

　この著書においてヘルダーは、「言語なしでは、人間は理性を持たないし、理性なしでは人間は言語を持たない。言語と理性なしでは人間は神の教えを受けることはできない。そして、神の教えなしでは、人間はまったく言語も理性も持つことはないのである」[6]と述べ、神による言語創造を否定したのである。言語神授説の立場の研究者たちからの非難は多大なものであったが、ヘルダーの言語観はのちの近代言語学の礎（いしずえ）にもなったと考えられる。

　また、ヘルダーは、人間の精神的発展においては個人と国民とのつながりが重要であるとした。そして、我々が異なる民族や国民に属している以上、人類の万物普遍の光はない。民族、国民の光を部分的に得ることによってのみ神性の光を得ることができるとした。国民は独自の国民性を有するが、それは遺伝的なものではなく、学ぶことによってのみ得られると主張した。

　さらに、人間の精神的発展の成果として言語を捉えたヘルダーは、子どもの成長を周囲の刺激に鼓舞されて成長する内在的な潜在能力とし、潜在能力を顕在化する学習過程において重要なものが「言語」と「歴史」であるとした。

　ヘルダーは、言語は過去の思想、感情、価値観を明らかにする媒体であり、現在に生きる人と過去を結び付けるものであり、生きた歴史の展開を表現するものとなると考えた。母国語と歴史を通して人は共通の遺産を受け取り、歴史と言語の共有が共同体をつくり上げていくとした。歴史と言語の共有があり、その基盤のうえに文化生活が創造されていく。そして、歴史と言語の共有の媒体は、民謡や民話といった伝承物語であると考えたのである。

　ヘルダーの歴史を継承、共有していく媒体として言語が存在するという考え方は、グルントヴィに引き継がれていった。グルントヴィもまた、言語を国民

の文化を創造していく不可欠な要素として捉えていた。さらにグルントヴィは、活字としての言葉ではなく、生活の中の「生きた言葉（det levende ord）」にのみ、その力があると考えたのである。

（2）詩的である「生きた言葉」

　歴史のすべての時代を通じて、人間の存在の本質を示すと同時に本質を構成してきたのは、人間が実際に話す言葉であった。この話される言葉を抜きにして、生活はあり得なかったとグルントヴィは主張している。前述したように、インスピレーションとも言うべき生きる意味を見いだす自己覚醒こそがグルントヴィ的な啓蒙である。

　話される言葉による啓蒙は「精神的で心のある啓蒙」[7]であり、国家の福祉は、現在および未来においてそうした啓蒙に依存しており、生ける口承伝達によってこそ、啓蒙は積極的に推進することができるとグルントヴィは考えた。すなわち、口承伝達者としての「詩人たちの手」[8]にとってのみ、精神の心のための語りが可能になると考えたのである。

　グルントヴィがここで言う詩人とは、未来に向けて人々に過去の物語詩を口承伝達していく存在としての詩人である。あくまでも、口承で伝えていくことに詩人の意味があるとした。口承の声としての言葉ではない、書物のなかにおける言葉についてグルントヴィは次のように述べている。

　　精神的で心を宿す場が書物においては弱々しいか、あるいはまったく生硬で、詩のそれぞれが彼らには封印された書物であるか、あるいは詩人の著作が、太陽のもとにあってもっとも理にかなわないものであるか、それらのどれかだからである[9]。

(6)　ヨハン・ゴットフリート・ヘルダー／木村直司訳『言語起源論』大修館書店、1972年。
(7)　N. F. S. グルントヴィ『世界における人間』前掲、192ページ。
(8)　N. F. S. グルントヴィ『生の啓蒙』前掲、159ページ。グルントヴィは、『生の啓蒙』のなかで詩人の役割について述べている。生における詩人や預言者の言葉は、人々に未来を学び考えることを可能にさせるとしている。

　上記の「詩」、「詩情（poesi）」とは、人々の脳裏に、あるいは人々の間に存在するシンボル的な感情であるとされる。詩情は、創造という精神的な関係や真理との関係で語られ、その精神を吹き込まれた詩人の発話として表出されることで人々の感情に刻み込まれていく。そして、それらの詩は活字で表記されるような狭義の詩ではなく、人々の想像力を通して、生活のなかで語られる生きた言葉によるものでなければならないとした。

　それこそが啓蒙の基本だと考えたのである。メルロ＝ポンティが情報伝達のための言葉とは異なる「生きて語ることば」[10]として表現した「詩的なことば」と重なると考えられる。

　この「詩的なことば」は、言葉を発する人間の感情と想像力が込められているものであり、個別的、個性的な言葉であると説明できる。もちろん、発話者と受け取り手において意味的な理解の共有はあるわけだが、音声としての声に込められている感情や想像力が重要だということである。

　そして、生きた詩的な言葉は意味的にも、国民すべてが理解できるということが前提であるべきとした。語られるべき言葉は国民共有の母語でなくてはならないとし、言葉による階級選別意識をグルントヴィは徹底的に批判した。「精神にとっての恐怖であり、すべての言語にとって疫病であるラテン語」[11]とあるように、ラテン語に対するグルントヴィの批判は激しいものであった。伝統的なラテン語教育に関して、特別な怒りと軽蔑をなぜここまで露わにしたのかということについては、当時のヨーロッパにおけるデンマーク語、あるいはデンマーク文化の置かれた状況を理解する必要がある。

（3）生活語としての「生きた言葉」

　ヨーロッパにおいては、古代より教会や学問的な領域での使用言語はラテン語であった。近代ヨーロッパにおいても、ラテン語は知識人の公用語として使われていた。ルネサンス以降、英語、フランス語、ドイツ語が学術用語としての権利を獲得していくなか、デンマーク語はデンマーク国内においてでさえ野蛮で無知な言葉とされ、教会や学術的な場ではラテン語、上流階級の公的な場

においてはフランス語やドイツ語が使用されていた。

　デンマーク語が無知な農民の言葉であり、有力者はラテン語学校へ行き、やがてデンマークの高官となって権力をもつ。人口の多数派を占める農民が、国民としての権利をもてないという矛盾した状況に対する憤りを抱いていたグルントヴィは、ラテン語重視の学問に対して、「民属・民衆から引き離され」、「死の状態であり」、「人間の生に対して敵対的である」と主張した[12]。

　農業従事者が80％以上であった当時のデンマークにおいて、ラテン語を学ぶ意義を見いだすことは困難であった。グルントヴィは、母語による生きる言葉こそが、デンマーク人にとっての意味があると考えたのである。そして、アカデミックな言葉ではなく、自分たちの実存を相互に確認していくことが可能な日常語を擁護し、デンマーク語によって国民自らを覚醒していくことこそが「啓蒙」であると考えたのである。

　ラテン語の習得が高度な教育と社会的地位確保への必須条件であった時代に、農民を中心とする庶民へのアプローチとしてデンマーク語が大きな役割を果たすということを、グルントヴィは確信していたと考えられる。グルントヴィは、ラテン語とデンマーク語の2言語の境界は大きな障壁であり、庶民が国民となることを妨害している要素であることを見抜いていたと言える。そして、母語で語られる物語や神話のなかにこそ、人々が国民となっていく覚醒のインスピレーションを生む力があると考えたのである。

　物語や神話に代表されるファンタジーについてのグルントヴィの叙述には、鋭い指摘がある。

　　ファンタジーの感情は、依然として人間の精神的諸能力のなかで最強の能力であり、知性の錯誤に対してバランスを取り戻させる自然の重しである。ファンタジーや感情は、我々の社会的諸関係を創造したのであり、そ

⑼　N. F. S. グルントヴィ『世界における人間』前掲、192ページ。

⑽　和田町子「〈語る言葉〉について（その一）——メルロ＝ポンティの言語哲学に関する一考察」聖心女子大学論叢44集、98〜99ページ。

⑾　N. F. S. グルントヴィ『生の啓蒙』前掲、33ページ。

⑿　N. F. S. グルントヴィ『世界における人間』前掲、14〜15ページ。

れゆえに、我々の社会的諸関係を生んだ武器であり、沈黙することのできない社会的諸関係の内面の語り部である[13]。

このファンタジーが最も豊かに表現され、デンマークの歴史を物語として学んでいくことが可能となる素材として、グルントヴィは神話や民話を重要視した。そこには、デンマーク人やアイスランド人の北欧精神の歴史を復興させるべきだというグルントヴィの考えがあった。北欧文化、北欧学問こそが生の啓蒙にとって必要であり、北欧的な眼によって精神世界を考察する時こそ、芸術と哲学の普遍史的な発展の概念を獲得できるとした。

「ギリシア的・北欧的・あるいはデンマーク的な生の発展と精神の形式が、その萌芽を潜伏させていた北欧の神々を与える当該の実態であり、それらの神話の普遍的重要性を与えるもの、とくに我々『北欧の住人』にとって計り知れない価値を与えるものである」[14]と考えたのである。

グルントヴィが民族的な神話を次世代に語り継ぐ重要性を説いた背景には、彼の民主主義観もうかがえる。オヴェ・コースゴーは、グルントヴィの民主主義観について次のように解説している。

　　グルントヴィは、国家の基盤は国民ひとりひとりの自由と自発性であると考えていた。社会は一人一人の自由意思を有するものたちが、共同体の発展に責任を担うことの上に築かれるべきとし、あらゆる強制は国民意思の神経を破壊するものと主張した。（略）グルントヴィは国家と市場に比べて、国民共同体にはるかに高い優先権を与えた。道徳的義務は国家にも市場にも置くことはできず、最終的には経済とは無関係の信頼関係及び連帯の絆の上に築かれるものとしたのである[15]。

グルントヴィが民族的神話や共通の詩歌の必要性を説いた理由がここにある。グルントヴィの生の啓蒙は、宗教的な意味よりも社会における人間の生き方を明らかにしていくこと、いかに人間が生きていくべきなのかという問いに対する答えでもあったと考えられる。グルントヴィは「個人主義と協同主義を結び

付けようとした」のであり、「他者との非競争的な連合と協力に、自己認識過程の理想」があるとした。そして、個人と共同体の間の絆の構築に必要不可欠なものが相互作用としての対話であると考えたのである。

3 相互作用（vekselvirkning）としての対話

（1） グルントヴィの相互作用

　グルントヴィは、庶民の啓蒙のためには、母語であるデンマーク語による相互作用が社会のあらゆる場で必要であると考えた。しかしながら、グルントヴィが求めたのは創造主との対話ではなく、人間との対話であった。国民の生の過程で共に呼吸するようになる言葉の意義の「生きている」ことの力強さを強調した。グルントヴィは、相互作用は異なった状態がそのまま存在し、異なっていることで互いを豊かにしようと働くバランスを保持していくものであると考えたのである。

　アメリカの生涯教育研究者であるスティーヴン・ボーリシュは、グルントヴィの相互作用について次のように述べている。

　　グルントヴィは社会内部の人々にせよ、様々な社会制度にせよ、互いに自分のほうが優勢になって他を支配しようとする傾向があることを痛切に感じていた。国家と軍隊、教会と国家、国家と学校、いずれも相手を自分に取り込み、力が一方的に流れる状況を作り出そうと常に努力している。同じことは教室でも見られ、教師は生徒達に自分の知識の見方を注ぎ込もうとするため、生徒たちより優位な立場に立とうとする。自由を獲得する

⒀　同上、81〜82ページ。
⒁　N. F. S. グルントヴィ『生の啓蒙』前掲、18〜19ページ。
⒂　オヴェ・コースゴー『光を求めて──デンマークの成人教育500年の歴史』前掲、147ページ。

44

ために、権力構造の解体をしてもそれはまた別の権力でしかない。すべての人が存在する権利を持つということを相互に認識し、それに基づいて社会のなかのすべての要素が平和的に変化することを求めたのである[16]。

　個人と個人が相互に対話し尊重していくなかで学びあっていける相互認識があり、その相互作用は社会のあらゆる組織、場面において展開されていく。このような対話が社会を創造していくという相互作用の考え方は、単に個人と個人が向かい合って話しをするという次元から、対話の質的変化を牽引する。まさに、ブーバーの対話論にあるように、「相互に向かい合う態度・向かい合う心」[17]こそが対話を成立させるものだという考えである。

　単に言葉を語りかけるだけでは、「対話の現象はあっても、対話の本質は存在しない」[18]ということであり、そこに「人格的存在の間の対話」[19]がなければ対話とは言えないということである。「対話の根源運動は、他者への方向付けである（略）他者への方向付けは、完成の行為として他者の現存在を現存化し、包括し、その結果、自己と他者の状況を、自己の極からも、ともに経験する行為を加えてゆくこと」[20]としたブーバーの相互作用としての対話と共通する。そして、「真の共同体はすべて人々が生きた中心にたいし、生き生きとした相互関係をもつこと、さらに人々の間で相互に生きた関係をもつことである」[21]としたブーバーと同様、共同体の基盤は真の対話にあることをグルントヴィは理解していたと言える。

　グルントヴィは多数の人々へ語りかけることも含めて、生きた言葉で語りかけ、相手を承認し、相手からの語りかけを待つことを対話としたのである。ここに、グルントヴィの相互作用としての対話の本質があると考えられる。

（2）啓蒙教育としての対話

　グルントヴィは、生きた言葉による対話を通じて、人々は啓蒙を体験することができるとした。対話には自国の歴史が語られていくことが必要であり、その経験こそが最良の肥沃な土壌を醸成するであろうと考えていた。そして、そ

こに公共の精神が自ずと生まれてくるという考えに至った。つまり、公共の精神は、個人の犠牲や強要から生まれるのではなく、社会の相互作用のなかで生み出されていくという結論を見いだしたのである。

　グルントヴィは、何の要求もせず、戒めもせず、「生の啓蒙は温和で柔和である」[22]と主張している。生きた言葉による対話を通じて、啓蒙活動をしていく場として誕生したのが、農民青年を対象とした「生のための学校・フォルケホイスコーレ（Folkehøjskole）」であった。

　グルントヴィは、学校においては、教師と生徒の相互作用が最も重要であるとしていた。教師から教えられる学科についても、「それが言語であれ、数学であれ、歴史であれ、もしくは個々の教師が彼自身の楽しみのため、そのために時間をみつけ楽しもうと、主要なことは、相互的であり、生きていて一般的な関心であることでなければならない」[23]とした。

　そして、「何よりもまず庶民が学校に尊敬と愛着をもち、よい観念を得ることが、彼ら自身が学校に固有な仕方で一定のことがらを学ぶよりも、私の眼からすると重要」[24]とし、「教師は若者のうちに実在している生を単に目覚まし、養い、啓蒙するのみである。講義から対話へ転換することによって、はじめて達成させる」[25]ことができるとした。

　教えるという講義形式の「優位に立つ」[26]傾向からは人間の生の自覚は生まれないとし、対話の重要性を説いた。教師と学生との相互作用の基本となるものは、自由な対等な対話と討議形式であるとしたのである。したがって、学校

⒃　スティーヴン・ボーリシュ『生者の国──デンマークに学ぶ全員参加の社会』前掲、194ページ。
⒄　マルティン・ブーバー／植田重雄訳『我と汝・対話』岩波新書、1979年、184ページ。
⒅　N. F. S. グルントヴィ『世界における人間』前掲、204ページ。
⒆　N. F. S. グルントヴィ『生の啓蒙』前掲、208ページ。
⒇　マルティン・ブーバー、前掲書、209〜212ページ。
(21)　同上、58ページ。
(22)　カイ・タニング『北方の思想家　グルントヴィ』前掲、146ページ。
(23)　同上、150ページ。
(24)　N. F. S. グルントヴィ『生の啓蒙』前掲、95ページ。
(25)　同上、100〜102ページからの抜粋。
(26)　N. F. S. グルントヴィ『世界における人間』前掲、14〜15ページ。

においては筆記試験というものの価値を認めなかった。

　グルントヴィによれば、試験とは「年長者が、若者の経験の範囲では答えられず、ただ他人の言葉を繰り返すことで答とするにすぎないような質問で、若者を苦しめるもの」[27]であるとした。第9章「評価方法」でも後述しているが、この考え方が現在もなおデンマークの教育に影響している。

　このグルントヴィの教育理念に基づいて、18歳以上の民衆のための教育機関であるフォルケホイスコーレの歴史がデンマークに生まれた。最初のフォルケホイスコーレは、1844年、ロディン（Rødding）に設立されている。グルントヴィの高等教育制度構想は、「国民教育機関としてのフォルケホイスコーレと、普遍的な学問研究機関としての大学という二つの教育システムであった」[28]が、実際に彼が学校変革に動いたということではない。むしろ、グルントヴィ以降の教育実践者たちが、グルントヴィの教育理念である「生きた言葉と相互作用による対話」を、デンマークにおける教育実践を通して継承していったということが言える。

　同時に、グルントヴィは教育の自由についても大きな影響力を与えた。宗教改革後、ルター派による神仰が義務づけられたが、グルントヴィは信仰は国家や学校が強制すべきことではないと批判した。子どもたちに信仰を教えるのは学校の仕事ではなく、信仰は自由意思によるものだとし、教育における信仰の自由を主張した。さらに、啓蒙は国家自らが引き受けてはならないと述べている。

> 　人間の生全体はと拡大され、個人の生と民属の生、人類全体の生とのあいだに深い関連を保つことによって社会的諸関係全体にとって望ましい思考様式を発達させる啓蒙、そのような啓蒙を国家はそれ自身で引き受けてはならない[29]。

　国家自らが啓蒙を引き受けてはならないということは、国民自身が主体的に自らを教育し、啓蒙をしていくことが真の啓蒙であるということである。そして、そのためには、国民に教育の自由が保障されなくてはならないということ

である。現在のデンマークの教育に多大な影響を与えている教育理念である。グルントヴィ系の教育機関で教育を受けたかつての教育大臣、クヌー・ベール・アナセン（Knud Børge Andersen）も下記のように述べている。

　　　グルントヴィは学校における自由を非常に強く主張し、それは、当時も今もデンマークの小学校、青少年のための学校に決定的な影響を与えている。他の多くの国々に比べ、デンマークでは地域や親が学校に大きな影響を及ぼすことができる[30]。

　グルントヴィ自身はホイスコーレ理念について多くの論文を執筆し、本格的な国立ホイスコーレの設立を目指していた。しかしながら、グルントヴィの教育理念はデンマーク各地に広がった農民の青年のための教育施設として出発したフォルケホイスコーレによって具現化されていった。このフォルケホイスコーレの運動のなかで、グルントヴィの教育理念が確固たるものになっていったと言えるであろう。

　フォルケホイスコーレは、デンマークの成人教育機関としての歴史的な経緯を経て、現在デンマーク国内で86校が開校している。グルントヴィの考えを継承し、17歳以上であれば、国籍、年齢に関係なく1週間から1年間までの共同生活を通して、デンマーク語による対話を中心に様々なことが学べる教育機関として機能している。

　さらに現在では、フォルケホイスコーレは、移民のための教育プログラムや国際交流プログラムの拠点にもなっている。フォルケホイスコーレは成人教育を出発点としているが、その理念はその後、クリステン・コルら教育実践家によって義務教育段階においても継承されていった。

---

(27)　同上。
(28)　オヴェ・コースゴー「グルントヴィの教育思想」前掲。
(29)　N. F. S. グルントヴィ『生の啓蒙』前掲、81ページ。
(30)　オヴェ・コースゴー「グルントヴィの教育思想」前掲。

4 グルントヴィの対話理念の今日的意義

　本章においては、グルントヴィの対話理念についてここまで述べてきた。グルントヴィの対話理念とは声としての言葉のコミュニケーションであり、活字文化以前の「一次的な声の文化」[31]の側面を重視するものであったと言える。グルントヴィが主張した「生きた言葉と相互作用による対話」とは、単に口頭で伝えるという次元のものではなかったということは、すでに前節で明らかにした通りである。本章の最後となるこの節では、次なる疑問について論じていきたい。

　はたしてグルントヴィの対話理念は、デンマークという地域性、19世紀という時代性の枠組みのなかでの限定的意味をもつだけのものなのであろうか。「生きた言葉」とは、現代的な文脈において、どのような説明が可能なのだろうか。

　その問いに対する一つの答えとして、「一次的な声の文化」を提唱したウォルター・J・オングの考えを述べていく。オングによれば、「一次的な声の文化」とは、文字文化以前の書くことを知らない人々の文化のことである。まさしく、書き言葉の習得以前の子どもたちの文化である。しかしながら、この一次的な声の文化は二次的な文字の文化に完全に転換していくわけではなく、文字の文化の底流には常に「声の文化、オラリティ」が存在すると述べている。

　オングは、「言語はどのような場合でも話し聞く言語であり、音の世界に属している」[32]と述べている。人間の日常生活は、話し、聞くという声の文化から逃れられないということである。

　そして、言葉は声という音声を通じて存在し、すべての音は音を出すものの内部構造を経ており、なかでも人間の声は身体の内部から出ているがゆえに、声の共鳴体をなしているとする。したがって、音声は身体の力を使用しなければ音として響くことができず、「すべての音声、とりわけ口頭での発話は、生体の内部から発するのであるから、力動的 dynamic なのである」[33]としている。

　さらに、聴覚として捉えられるオーラルな言葉は、視覚的に捉えた言葉には

存在しないエネルギーが内包されているとオングは主張している。聴覚的に受け取られる声としての言葉の重要性を、オングは次のように述べている。

> 　活字に深く毒されている人びとは、ことばは、まず第一に声であり、できごとであり、それゆえに必然的に力によって生み出さされるものだと、ということを忘れている。ことばは平面上に「なげだされた」ものではない。そうしたモノは、根本的な意味では、死んでいる。(要約)[34]

　この記述は、グルントヴィとコルの対話、あるいは口頭教育を重視する記述内容と一致する。グルントヴィの「生きた言葉」をオングが語っているようでもある。ただし、グルントヴィとコルの「生きた言葉」の概念には、キリスト教の神の存在が不可欠な要素として含まれていることを確認しておく必要がある。グルントヴィの記述とまったく同次元でオングの「生きた言葉」が語られているわけではないのである。

　しかしながら、「生きた言葉による対話」をオラリティという言語学的文脈で捉えることによって、普遍的な意義を見いだすことが可能となるのではないだろうか。グルントヴィとコルの「対話理念」を現代の文脈において再評価することが可能になると考えられる。

　さらにオングは、声の文化特有の記憶形成があると述べている。声として取り入れられた言葉は逐語的に記憶するのではなく、物語の再構成という形で記憶されていくとしている。したがって、声の文化における記憶は、個々の人間の想像力が機能した記憶作業となる。また、声の文化の記憶形成が文字の文化の記憶形成と決定的に異なるのは、身体的な動作を伴っている点だとしている。

　話される言葉は「全体的な『人間の』生存状態なる様相」[35]であり、それゆえ常に身体を巻き込んでいく。つまり、声の文化においては身体的な要素が常

---

(31)　ウォルター・J・オング『声の文化と文字の文化』前掲、32ページ。

(32)　同上、75ページ。

(33)　同上、74ページ。

(34)　同上、75ページ。

(35)　同上、144ページ。

に伴い、それゆえに想像力を刺激していくということなのである。そして、物語の再構成という方法での記憶は、個々の人間のなかに物語を創造していくことにつながっていくのである。

マーシャル・マクルーハンも著書『グーテンベルグの銀河系』において、「文字の使用によってことばから多次元的な響きが失われるまで、非文字型文化のなかに住むひとびとにとっては、すべてのことばがそれ自体でひとつの詩的な世界を形成していた」[36]とし、それは一つの瞬間的な神であり、啓示であったとしている。

ここには呪術的な意味も含まれるが、神話や物語など声として語らえる聴覚的な言語情報が、視覚的な言語情報とは質的に異なる意味をもつと述べている。グルントヴィとコルの主張した口頭で語る「生きた言葉」の概念が、オングによるこれらの記述によってより明確に示されている。

本章の第1節でも述べたように、グルントヴィは人間を有機的な統合物として捉えていた。言葉も単に音声単語として発せられるのではなく、人間のあらゆる機能と統合して発せられるものとしていたと考えられる。そして、グルントヴィの対話理念を継承し、言葉をテキストとしてだけではなく、人間の感情や様々な要素が内包されるものとして捉えていくこと、意味的だけでなく情動的なものも含めた声としての側面が教育現場においていかに重要であるかを、コルが導き出したと言える。

口頭という行為には、言語を表出する側、聴受する側の身体的要素が存在している。言葉を発する時に伴う身体としての様々な要素——目線、表情、身振り、声質、声の抑揚など——これらすべてが対話の雰囲気を構築し、声の文化をつくり上げていくのである。伝えたいことを何度繰り返そうが、眼前にいる子どもたちの心の中に入っていかないという現象の本質は何かということに対する一つの答えを、コルの「生きた言葉」によるオラリティ重視の教育は示唆しているのではないだろうか。

さらに、「一次的な声の文化は、文字文化に慣れた人々のあいだで見られる性格構造と比較すると、より共有的、集団的、外面的」[37]であるとされる。口頭のコミュニケーションは、人々を結び付けて集団にするという側面があるこ

とは周知のことである。読み書きという孤独な作業中心の教育環境で育つ子どもたちが、デンマーク社会の将来をどのように構築していくのかをコルは危惧し、それゆえ初等教育における徹底した口頭教育重視を主張したと言える。

今日では、社会学における身体と言語との関連性などについては一般的な知識として認知されているが、グルントヴィの時代、学術的な論証段階までには至っていなかった。しかしながら、グルントヴィは身体的要素が不可欠な「対話」こそが、個々の人間のインスピレーション、詩情を刺激していくための言葉を生み出すことが可能だと察知していたのである。

グルントヴィの「生きた言葉と相互作用による対話」は、オングの「声の文化」オラリティ概念に通じるものであったと言えるのではないだろうか。社会、教育の啓蒙、つまりは変革にとって、声の文化として対話がいかに重要であるかをグルントヴィは啓蒙論のなかで述べていた。それは単なる対話論ではなく、人類と言葉の歴史のなかで捉えた民俗学的視点をもつ対話論であったとも言える。そして、グルントヴィの対話理念はコルの教育実践のなかで、声の文化の教育として具現化されていった。

リテラシー中心の現代の教育において、グルントヴィの生きた言葉による対話論がどのような意味をもち、オラリティという概念として今後の教育現場にどう再生されていくべきかを検討する意味がここにあると考えられる。

---

(36)　マーシャル・マクルーハン『グーテンベルグの銀河系』前掲、43ページ。
(37)　ウォルター・J・オング『声の文化と文字の文化』前掲、147ページ。

第 3 章

クリステン・コルの「話す学校」

オレラップ・フリスコーレ3学年クラスの教員と児童たち

1 フォルケホイスコーレ（Folkehøjskole）の設立と教育方針

　グルントヴィの思想は国民運動として広がっていった。デンマークでは、1840 年から1864年の間に15 校の「農民ホイスコーレ（bondehøjskle）」と呼ばれる学校が設立された。主に農民の啓蒙活動を中心とした、14歳から18歳までを対象とした学校であった。

　一方、農民のための夜間学校も1841年から設立されている。1769年に設立された王立デンマーク農業教会以降の、国家としての農民啓蒙促進政策の一環でもあった。これらのホイスコーレが地域住民の民主的な討議の場となり、農民の政治意識や自治意識が覚醒し、デンマーク社会を支える協同組合運動となっていったのである。

　デンマークの協同組合組織が歴史的に多大な影響力を発揮したのは、前述したように1869年の対独戦争での敗北以降であった。グルントヴィの啓蒙思想が様々な社会領域で影響したことは当然であるが、グルントヴィ自身は、学校としての農民ホイスコーレ設立運動にかかわってはいない。その大きな原動力となったのが、良心的な地方牧師や学校教育に携わっていた教育者であった。

　1964年以降、グルントヴィ派のホイスコーレが増加し、1869年までの50年間に約50校が開設され、さらに1869年から1872年までに11校が増設されている。設立運動の担い手の中心は、ラスムス・ソーアンセン（Rasmus Sørensen, 1797～1857)、ヤコブ・クリスチャン・リンベア（Jacob Christian Lindberg, 1797～1875)、クリステン・コルなどであった。

　設立者によってそれぞれの教育理念があり、教育内容も統一されていなかった。グルントヴィ派と反グルントヴィ派との対立もあったほか、ホイスコーレ設立運動には多くの障壁があったわけだが、その教育内容にはやはりグルントヴィの啓蒙思想の影響が見られる。特に、1851年にクリステン・コルによって設立されたリュスリンゲ・ホイスコーレ（Ryslinge højskle）は、以降のホイスコーレ運動にとって大きな意義をもつものとなった。

　コルは、ホイスコーレの教育内容について次のような指針を残している。

クリステン・コルの教育指針[1]

・基礎として世界史を口頭で講義。

・教会の歴史から抜粋、特にいろいろな宗派を明らかにする。

・北欧神話とデンマーク史を主に口頭で語る。

・世界の地理。人や国について書かれたものも使用。

・週に３回、夜の催し物という形でデンマーク作家の作品を読む。

・歌、特に長いバラッド。

　この指針をもとに、基本的なホイスコーレの一日の流れが固定した。当時のホイスコーレの多くがこの指針に従って教育内容を決定し、カリキュラムと時間割を作成したのである。コルが設立したフォルケホイスコーレの、冬季における時間割を示しておく。

表３−１　コル設立ホイスコーレの一日通常時間割　（1862年当時）

8：00	朝の歌
8：25〜9：00	いろいろな主題で講義（神話・伝説・文学史・伝記・聖書）
9：00〜10：00	詩の朗読
10：00〜10：30	自由時間
11：00〜12：00	祖国デンマークの歴史についての講義
12：00〜14：00	食事
14：00〜15：00	世界史
15：00〜16：00	正書法
16：00〜17：00	自由時間
17：00〜18：00	地理または物理
18：00〜19：00	算数と計算。夕方の時間に時折読書指導

※スティーヴン・ボーリシュ『生者の国——デンマークの学ぶ全員参加の社会』新評論、2011年、228ページを参考に筆者作成。

---

[1]　スティーヴン・ボーリシュ『生者の国——デンマークに学ぶ全員参加の社会』前掲、219ページ。

「朝の歌」とあるが、世代を超えてともに声を合わせる歌をもつことの喜びと意義を、グルントヴィもコルも深く理解していた。国民の共通理解、共同体の連帯意識を支える一つの手段でもあったわけである。それは人間の原始的、情動的、身体的な連帯感を生み出すものであり、共同体には欠かすことのできない要素でもある[2]。オングもまた、「音のいう物理状態においては、人間の内部から生じるものであり、人格として現れる。ゆえに、話される言葉は、人々をかたく結ばれた集団にかたち作る」[3]としている。

　これについては政治的な面で全体主義に利用されたという歴史もあるのだが、デンマークにおける「ともに歌う歴史」が、民主的な国家のなかで今もなおデンマークの教育現場において実践されていることは注目に値する。公立私立を問わず、多くの教育機関においてデンマークソング集の歌が今でも歌われ続けているのである。そして、コルの提案したフォルケホイスコーレの教育内容が、当時のホイスコーレ教育内容の基本となっていった。

2　フォルケホイスコーレの教育内容

　表3－2は、当時のフォルケホイスコーレ冬学期における週の平均科目時間数を示したものである。民衆運動としてのホイスコーレ教育内容の中核となったのは、デンマーク文学とデンマーク史であった。特に、デンマーク語、デンマーク詩の朗読、デンマーク史であった。

　デンマーク史については、ロディング・ホイスコーレ（Rødding højskle）の創設者の一人だったクリスチャン・フロー（Christian Flor, 1792～1875）によって出版されたデンマークの文学や歴史についての本が基本となり、1970年代まで高校やフォルケホイスコーレで用いられた。その内容は、デンマーク史が物語として構成されたものや、国民詩歌や歌集が掲載されたものであり、まさにグルントヴィの啓蒙思想を具現化したものであった[4]。

　グルントヴィが歴史教育を重視したことは、当時のフォルケホイスコーレの授業内容にも大きく反映されている。1876年からの1年間、グルントヴィ系フ

表3－2　フォルケホイスコーレ冬期の週平均時間数　（実施学校数）

科目	1876／77年度	1888／89年度
デンマーク語	13（56）	11（57）
朗読・文学史		4（50）
デンマーク史	9（55）	4（56）
世界史		4（46）
聖書・教会史	2（6）	3（21）
地理	4（51）	3（55）
憲法	2（9）	2（26）
計算・数学・会計	6（52）	7（57）
設計・土地測量・地ならし	5（47）	6（55）
自然科学	4（39）	4（55）
農業及び化学	4（36）	8（40）
歌	2（18）	2（33）
体育	5（12）	5（32）
健康学		2（2）
外国語		

※オヴェ・コースゴー『光を求めて──デンマークの成人教育500年の
　歴史』195ページを参考に筆者作成。

ォルケホイスコーレ12校における毎週の歴史授業数は平均11.5時間であったが、それは非グルントヴィ系フォルケホイスコーレの平均となる4.8時間のおよそ3倍となるものであった。グルントヴィの教育理念を継承したフォルケホイスコーレが歴史教育をいかに重要視していたかは、この数字が明確に語っている。

　この運動のなかで、グルントヴィの啓蒙思想を学校設立運動という形で具現化していったのがクリステン・コルである。前述したように、1851年にコルは

---

(2)　情動については下記を参考とした。メルロ＝ポンティ／滝浦静雄・木田元訳『眼と精神』
　　みすず書房、1977年、35〜39ページ。鯨岡峻『原初的コミュニケーションの諸相』ミネ
　　ルヴァ書房、1997年、74〜75ページ。
(3)　ウォルター・J・オング『声の文化と文字の文化』前掲、157ページ。
(4)　オヴェ・コースゴー『光を求めて──デンマークの成人教育500年の歴史』前掲、191
　　ページ。

リュスリンゲにフォルケホイスコーレを開校し、グルントヴィの啓蒙思想をより教育的に進化させたのである。

コルも、グルントヴィと同じく他国に知られる機会が少なかった。国際的な評価を求めることなく、民衆教育にエネルギーを注いだ側面が強かったということも原因の一つであると考えられる。子どもと向き合い、現場教育に生きたコルの著書は『子どもの学校論』のみである[5]。

クリステン・コルは、グルントヴィの啓蒙思想を教育的見地から、より具体的、現実的に推進していったと言える。それゆえ、子どもたちを眼前にした教育現場に生きたコルの著書には、子どもに対する誠実かつ真摯な眼差しが文言として記されている。

3 コルの口頭教育

コルの教育論のなかで特筆すべきは初等教育論についてである。1851年にコルが設立したフォルケホイスコーレは、その後のフォルケホイスコーレにおける基本的な教育内容を決定したものと言われている。グルントヴィは18歳以上の成人教育を主眼に啓蒙運動を提唱したが、コルは教育現場において、初等教育の必要性を感じていたのである。

グルントヴィの北欧神話教育などが初等教育においては難解であるという現実から、コルは初等教育機関の設立に向けての運動を始めた。その最初の私設小学校が1856年のダルビュ・フリスコーレ（Dalby Friskole）である。ここが、現在も継承されているフリスコーレの起源となる。

以下、コルの教育実践について、清水満編訳『コルの「子どもの学校論」』を参考にまとめていく。なお、コルの教育理念の翻訳においては、「教員」ではなく「教師」、「児童」ではなく「子ども」と邦訳されているので、本章においても「教師」、「子ども」という表記とする。

ダルビュ・フリスコーレの開校以来、筆記試験を導入していなかったコルの学校は既存の学校からも批判を受けることとなった。当時の学校監察局から試

験導入の強い命令があったにもかかわらず、口頭試験で子どもたちの優秀さを証明している。その後、コルの学校はデンマークに大きな広がりを見せていくこととなった。

　コルは、知識的、体系的学問の基礎となるべき人間教育がまずは初等教育期間に必要であり、その根本は「想像力」にあるとしている。

「初等学校の教育が、もっぱら理性に向かって語りかけて感情にはただ部分的にしか語りかけず、その一方でファンタジー、つまり想像力をほとんど無視してきたのは犯罪的な過ちである」[6]として、コルは当時の初等教育における教理問答式の宗教教育を批判した。体系的な教理問答式の詰め込み教育はデンマーク人には合っておらず、数学や幾何学、算数の授業であるならば教理問答式は成立するかもしれないが、人間としての成長を促す初等教育においては物語が最も必要であるとした。

> 　デンマークの古い民話、物語、伝統、歴史の話、それらが、デンマーク民族の一部を成し、何千年も通じてわれわれの民族の生に深く貫いてきた詩的な素質が再び目覚めるべきである。物質主義と感覚主義に押し流されてしまわないように[7]。

　初等中等教育のカリキュラムについても、まずは学問の根幹として祖国の歴史が教えられるべきであり、それは「最近の時代から素描されただけの無味乾燥な出来事の羅列を暗記することから始まる」のではなく、「何よりも子どもたちには民族の時代の物語を話してやらなければならない」[8]としたのである。

　さらに、学校でなされなければならない真実で本物の教育とは、教えられる者たちに話しかけることができるかどうかということであるとした。教師の語りかける言葉によって、子どもたちは心の中で何かを感じていく。教育は子ど

---

(5)　この本は、清水満編訳『コルの「子どもの学校論」──デンマークのオルタナティヴ教育の創始者』新評論、2007年、に収められている。
(6)　クリステン・コル／清水満編訳『コルの「子どもの学校論」』新評論、2007年、95ページ。
(7)　同上、99ページを要約。
(8)　同上、111ページ。

もの内面に向けられ、そこから外面を形成すべきである。教育とは、「教師の側からすれば心の問題であり、伝えるべき彼の生の使命なのである」[9]と考えたのである。

それは「心を聴く耳」を通して精神を覚醒させることであり、ただ生きた言葉だけが成しえることとだと主張した。精神が覚醒して、初めて文字による人為的な啓発方法の効果があると考えたのである。

さらに、初等教育において読むことが重要であるなら教師は必要ない。口頭の授業が読むことの基礎であり、祖国の歴史も口頭で語られなければならないとしている。口頭での授業が教師によって生き生きとされれば、子どもたちは自らの楽しみのために読むことを欲していくと考え、口頭での言葉が、耳を通じてという自然な方法で理解できないことであれば、人為的な文字によってはいっそう理解できないと主張している[10]。

口頭での物語は、生きた言葉による語り手と聞き手の直接のコミュニケーションであり、聞き手の想像力をより深く刺激するものである。まさに、グルントヴィの対話論をさらに教室における「声の文化（オラリティ）」[11]として具現化していったと言える。

ただ、グルントヴィが北欧神話を重視したのに対し、初等教育現場の子どもたちに日常的に接していたコルは、北欧神話の難解さも理解していた。そこでコルは、初等教育段階においては、デンマークの伝説や物語のほうが題材としては適切であると考え、耳で捉えた言葉が平易で理解しやすいものを選択している。

コルの時代からおよそ150年後、文字の文化に対して声の文化の重要性を論じたオングは、声の文化における物語の広汎かつ重要な役割について言及し、テキストが眼前に存在しない声の文化においては、ほかのどんなジャンルにも増して「物語が、思考を大量に恒久的に固定する役目を果たしている」[12]と示している。

一方、『子どもの学校論』の訳者である清水満は、「コルの教育思想について」という解説のなかで、伝説や物語には匿名性や無名性が存在し、そこには一つの「共同体の深層意識」が流れていると述べている。そして、コルが子どもた

ちに伝説や物語を語った意味について次のように述べている。

> （前略）人は物語を語り、また聴くことによって自己をその共同体の物語のなかに織り込み、アイデンティティを確認して共同性を高めていく。いわゆる「文字の文化」に対する「声の文化」であり、論理的な思考過程ではなく、感性的身体的な共同性、豊かな深層意識を背景としてもつ文化である。彼がデンマークの歴史物語や北欧神話、そして聖書までを物語として子どもたちに提供しようとするのは、このオーラルなコミュニケーションのなかで築かれる一体感、共同の意識を確立するためである[13]。

　当然のことながら、グルントヴィと同様、ナショナリズムという時代の影響もそこにはあるのだが、当時、共同性文化が国家イデオロギーとして教育のなかで確立され、全体主義に組み込まれていくことがデンマークにおいてはなかったこと、むしろその逆となる民衆の自由のいう流れをつくっていったという事実は注目すべきことである。そこには、物語は決して強制的に聞かされてはならず、子どもたち自身が選択する自由があるとしたコルや教育実践者たちの影響力が少なからずあったと考えられる。

　いずれにせよ、初等教育段階における「声の文化」の必要性を主張し、実践したコルの考えは、その後のデンマーク教育の礎（いしずえ）となったのである。学校における「声の文化」のなかで育っていった卒業生たちが、デンマーク社会の築き手となっていった。

　また、コルは当時の教育にすでに存在していた「試験」、「宿題」、「暗記」という教育内容を批判した。子どもたちが、授業は試験のためにあり、試験は授業のためにある、という間違った信念をもつようになってしまうことを憂慮した。

---

(9)　同上、150ページ。
(10)　同上、118ページを参照。
(11)　ウォルター・J・オング『声の文化と文字の文化』前掲、288ページ。
(12)　同上、288ページ。
(13)　クリステン・コル『コルの「子どもの学校論」』前掲、214ページ。

　子どもたちを教育する際に重要な基本原則は、形式よりも内容、外面よりも内面を彼らがえるようにすべきだということである。つまり、書くことを学ぶ前に何か書くべき内容をもたねばならず、読むことを学ぶ前に知りたいという渇望を感じなければならないのである。それは、人が現実の表面だけ、目的のための手段だけ、そして事物の［本質ではなく］現象だけを大事にすることがないようにするために必要なことである[14]。

　この考えのもと、コルの私設学校においては試験を課すことはなかった。評価や試験についてのコルのこの考えは、今もなおデンマークの教育に多大な影響を与えている。これについては、次章において詳述する。

4 コルの教師観

　コルは、教育の本質を教師も親も見失うべきではないとした。したがって、初等教育段階における読み書きは最小レベルでかかわり、口頭授業による子どもたちの想像力を刺激していくことを重視したのである。そうすれば、13歳から14歳には能力が発達し、感覚が開花して、自らが読み書きの技術を修得していくであろうと考えた。

　コルは、読み・書き・計算を決して軽視していたわけではなかった。スキル的な教育内容以前に、子ども自らの想像力で創造していく世界を確立していくことが必要と考えたのである。そのためには、教師の高い力量が必要となる。コルは教師についても、下記のように記述している。

　教える中味について、その素晴らしさと必要性に対する生きた関心と愛が教員の個性と心情に浸透しているかどうかである。その結果、生きた言葉がもつ理解を超えた力によって、子どもたちの人格がいわば開かれ、教師が伝えようとしている思想、感情、考え方を受け入れることができるだろう[15]。

　この記述からも分かるように、コルは教えようとする内容についての関心や愛が、教師自身の心情に浸透しているかどうかが教師に求められるべき力量だとしている。教える内容の知的理解は当然のことであるが、それのみでは子どもたちの心に教師の言葉は届かないと述べている。

　さらに、「ポエジーをもった教員」[16]が必要とされるとも述べている。それは、子どもたちの想像力に話しかけるため、生き生きとした形で解釈し、神話や伝説を生き生きと語る教師のことだと記述されている。つまり、教師自身の想像力や語りかける言葉の力が重要であるとしているわけである。教師の声、表現力、すべてが言葉の力となり、子どもたちの想像力を刺激していくことの重要性を説いている。

　コルは、具体的な教師教育については、著書のなかでは触れていない。しかしながら、コルの理想とした教師像は、前述したように、デンマークの教育に大きな影響を与えてきた。また、コルは教師について、熱心で熟達した教師ほど危険な側面があることを述べている。

　親も教師も、子どもが大きく成長するのを見たいのは確かなことだが、子どもに対する教師の愛ゆえに、子どもへの教師の影響力を教師自身が過大評価してしまうことの危険性について触れている。教師がより高度な教育プロセスを意のままにできればできるほど、子どもは自分でそれをしたという思い込みをたやすく受け入れてしまう危険があり、「教師が望む生を子どもたちにもたらそうと教師が熱心になればなるほど、教師が彼の要求を子どもたちに押し込めば押し込むほど、教師が彼を理解してくれる者への愛情を多く示せば示すほど、そしてその者の反応に喜ぶほど、彼は自分もその相手もその分だけだましていることになる」[17]と警鐘を鳴らしている。

　そして、子どもたちが何をどの程度受け入れるかについては、子どもたち自身に任せるべきだとしている。そのためにも、自分自身が何に興味関心をもち、

---

(14)　同上、129ページ。

(15)　同上、135ページ。

(16)　同上、113ページ。

(17)　同上、143ページ。

何を必要とするのかを幼い頃より選択できる力を育てていく必要があると考えた。

> 教育が真にめざすべきところは、デンマークの民衆が、物事を洞察するたしかさ、何かを意志する生と意欲と愛、そして、それを遂行する能力と自立性を各自の能力に応じて最高レベルで獲得することである[18]。

　この記述が、コルの学校教育理念の真髄を表現しているものではないだろうか。さらにコルは、教師の周りに子どもたちが集まっている時が最も喜ばしい光景であるべきであり、学校で教師を囲んでいる子どもたちは、「ほかのどの場所にいるときよりも、一番幸福で自由でなければばらない」[19]と述べている。

　コルが口頭教育にこだわった理由もここにある。教育現場で子どもたちに接していたコルは、自身の言葉で語ることの本質的な意味を理解していたと考えられる。1冊しか残されていない『子どもの学校論』は、まさに臨床教育学的な視点で記述されている。子どもとの対話とはどうあるべきかを、教育現場の生活のなかで明確に捉えていたと考えられる。

　学校現場で「話す」ということが、教師の身体、気持ちが子どもに向けられているということであることであり、活字に眼が注がれていたのでは、子どもたちは教師の気持ちが受け取れない。子どもたちの眼を見つめ、身体を開いて

子どもたちをいつでも受け入れる態勢でいることが実は対話ということだ、とコルは著書全体で語っている。それは「『からだ』としてのことば」[20]とも言えるだろう。

　教師が「詩的」であるべきというのも、その一つの表現なのである。教師はある意味、吟遊詩人であるべきだということである。声の文化と物語についてオングが述べる次の記述は、まさに教室における教師と子どもたちとの関係性を語っていると言える。

　口承的な歌（ないしその他の口承物語）は、歌い手とその場の聴衆、そしてかつて歌われたもろもろの歌についての歌い手の記憶が、相互にはたらきかけあうことによって生まれるのである。このような相互作用のなかで演じるときに、吟遊詩人は独創的、創造的になるのであって、書き手が独創的であり、創造的であるというのとはわけが違うのである[21]。

　デンマークで重視されてきた「共同体」とは、全体を重視するものではなく、個人の感性としての「詩的」世界をもつことがまず優先され、それらが共有されていくことで共同体が形成されていくと考えられる。コルの「話す学校」は、個々の子どもたちの感性を教師の感性が刺激し、深め広げていく、いわば身体全体から発せられる声がつくる「場」として存在したのである。それはまさに、教育現場における「声の文化」創造であったと言える。

　また、コルはグルントヴィと同様、教育の知的な側面を国家が担うことが一般的になった当時のデンマークの教育現状について、次のように警告している。

　自分たちの子どもの教育で一番大切なものを、見知らぬ権力に手渡すことはしない。国家権力は私たちが思っているほど子どもたちを愛していないし、愛することはできない。私たちは子どもたちが好きだし、だからこそ子どもたちを一番元気つけることができる。そういう大事な事柄で、私たちは脇に立って傍観者のように見守るだけで満足するつもりはない。私たちは、子どもの教育の全責任を引き受ける。そして、援助を必要とする。私たちは、自分たちでこの援助を調達するので、国家はむしろ手を引かねばならない[22]。

　教育は親の権利であるという考えのもとに、コルは学校教育制度の変革とし

⒅　同上、135ページ。
⒆　同上、139ページ。
⒇　竹内敏晴『ことばが劈かれるとき』筑摩書房、1988年、262ページ。
㉑　ウォルター・J・オング『声の文化と文字の文化』前掲、298ページ。
㉒　クリステン・コル『コルの「子どもの学校論」』前掲、175ページ。

てフリスコーレ（Friskole）の発展に力を注いだ。「国家が学校でなしたことは、子どもたちを両親から遠く引き離すことだった」[23]というコルの言葉に残されているように、教育をつくっていくのは国家ではなく、親たちであるという考えが基底にある。それはとりもなおさず、少数の国家官吏や政治家ではなく、国民全体で教育をつくり上げていく責任があるということでもある。

フリスコーレは、国家からの自由という意味での学校なのである。グルントヴィとコルのこの考えは、19世紀半ばに発布されたデンマーク民主憲法から現在のデンマークの教育に至るまで脈々と受け継がれている。

クリステン・コルのフリスコーレの系脈は、その後デンマークの自由教育、あるいはデンマーク教育の根幹を支えていく基盤となっていく。コルは、近代デンマークにおいて義務教育に対抗する自由教育、民衆教育の実践家として、多大な影響を残した人物と言える[24]。しかしながら、コルは教育理論家ではなく、あくまでも教育現場の教師として教育理念を具現化してきたのである。その教育理論は、著書にではなく、現代のデンマーク教育の現実においてこそ解読可能であると言える。

---

[23] 同上、173ページ。

[24] Per Himmelstrup, Discover Denmark-on Denmark and the Danea, Present and Future, The Danish Cultural Institute, Copenhagen and Systime Publishers Ltd., Aarhus, 1992.

第 4 章

デンマークの義務教育における
フリスコーレの位相

オレラップ・フリスコーレでの休憩中の児童たち

　グルントヴィによって提唱された「生きた言葉と相互作用による対話」を重
視する教育理念が、コルによって教育現場の実践として具現化されてきたとい
う歴史的な経緯について前章で述べた。「生きた言葉と相互作用による対話」
とは、対話という概念では包括できない、声による言葉の活動すべてを網羅し
ている声の文化、つまり「オラリティ」という概念と共通しているものである
ことが確認された。

　本章においては、声の文化「オラリティ」という包括的な視点でデンマーク
の学校教育の活動を捉えていくために、まずはデンマークの義務教育の概要を
述べていく。デンマークの私立学校はいわゆる民間経営の学校であるが、国か
ら7割程度の財政支援が法的に保障されているので、いわゆる日本で言うとこ
ろの私立学校とは大きく異なり、「独立学校」と言うべき学校群を成している[1]。

　次に、オラリティを重視した教育内容を継承しているフリスコーレが、デン
マーク教育においてどのような位置を占めているのかについて述べていく。

1　デンマークの義務教育

（1）デンマークの義務教育の自由

　デンマークでは、1814年までは義務教育制度が存在せず、親たちは家庭で子
どもを教育するか、国からの資金援助があるオルタナティブスクールを設立す
るために協力できる親たちを探すしかなかった。そして1814年、フォルケスコー
レ（公立学校）法によって義務教育制度が始まった。各地方のオルタナティ
ブスクールは、義務教育としての条件を受け入れて公立学校となった。しかし、
宗教や政治を教育の目的とする学校は独立学校、いわゆる私立学校となった[2]。

　1915年の王国憲法改定により、教育の自由が明記された。現行憲法は1953年
に改正されたものであるが、教育の自由は1915年の王国憲法以来明記されてい
る。この憲法によって保障された教育の自由が、公立私立含め、すべてのデン
マークの教育の基本理念にあると言える。この教育の自由が憲法に明文化され

る運動にも、グルントヴィの思想は大きくかかわっていた。

> 就学年令に達した全児童は、初等学校において無償教育を受ける権利を有する。自らその子また被後見人のため、一般の初等教育の標準に等しい教育を受けさせ得る親または保護者は、その子どもまたは被後見人を初等教育において教育させなくてもよい[3]。

　デンマークの教育は、歴史的に、親と子どもと学校の三者でつくり上げていくものだという考え方がある。したがって、親の教育の権利と義務も当然とされ、親代表が学校理事会の構成員となっているなど、学校運営にも親の意見が大きく反映されている。また、教育は国が無償で提供することが前提となっていることから、前述したように、私立学校においても7割程度の財政的な支援がなされている。

　私立学校が高額な教育費が必要だという感覚ではなく、公立、私立ともに、子どもと親が教育の権利として選択できるという環境になっている。学習環境に合わない場合は、公立から私立、または逆の転校も自由にでき、要望があった場合は、自治体あるいは私立学校はできるかぎり受け入れることが法的に定められている[4]。

（2）現在のデンマークの義務教育概要

　現在の義務教育は、6歳から16歳までの10年間の継続教育である。公立およ

(1)　清水満「デンマークのフリースコーレとエフタースコーレ」（http://www.asahi-net. or.jp/~pv8m-smz/archieve/Danish_Free_Schools.html）

(2)　フォルケスコーレ法（公立学校法）（https://www.retsinformation.dk/Forms/R0710. aspx?id=133039#K12.）2016年9月12日最終アクセス。

(3)　斉藤寿「デンマーク憲法：解説と訳文」『駒沢大学法学論集』駒澤大学、1977年、76〜99ページ。

(4)　フリスコーレ・プリベイトスコーレ法（私立学校法）（https://www.retsinformation.dk/Forms/R0710.aspx?id=182103）2016年9月12日最終アクセス。

び私立学校によって提供され、初等教育（primary）は幼少移行期としての０学年と１学年から６学年の７年間、中等前期教育（secondary）は７学年から９学年および10学年までとなっている。なお、０学年および10学年の詳細については後述を参照いただきたい。

　この10年間は、公立学校であるフォルケスコーレ（Forkeskole）と私立学校、そして継続学校であるエフタースコーレ（Efterskole）によって構成されている。また、公立学校、私立学校、自宅での教育の選択は条件が満たされているかぎり、教育をどこで受けるかについては自由で、学校教育は強制されているものではない。事実、少数ではあるが、学校教育ではなく家庭教育で教育を受けている子どもたちがいる。

　かつて、1976年より実施された教育法においては、９年間の学校教育と１年間の自主的な就学前教育のシステムが導入された。そして、1993年、1994年のフォルケスコーレ法の改訂を経て、2009年、就学前教育である０学年を義務化し、義務教育期間は現在の10年間となった。

　次に、2009年より義務教育に導入された０学年制度と公立小学校であるフォルケスコーレについてまとめていく[5]。なお、デンマークの義務教育段階の対象となる児童生徒についてだが、本著においては日本の教育用語に対応させ、初等教育段階を「児童」、前期中等教育段階を「生徒」と表記する[6]。

（３）フォルケスコーレ（**Folkeskole・基礎学校**）

　フォルケスコーレは1814年に設立され、その時点では、すべての児童生徒に７年間の教育が与えられていた。その科目は、宗教、リーディング、ライティング、算数が主なものであった。以降、数回の教育法改正を経て現在の教育制度となっている[7]。現在、デンマーク全国のフォルケスコーレに関する基本データによれば、98の自治体に1,605校あり、在籍児童生徒総数は551,874人である（2014年統計資料）。１クラスの平均児童生徒数は19.6人、教員一人当たりの児童生徒数は10.7人となっている[8]。

　フォルケスコーレについて、国は学校全体の組織やシステムについて決定していくものとしている。教育内容レベル、標準的教育目標、学校長と組織、学校システムの標準的規則、個別科目の標準的な要件などについては国全体共通のものとなる。

　具体的な教育方法、教育実践についてなどのフレームワークの中身については、各自治体が決定権をもっている。また、各自治体が、学校設立、学校目標、教育提供レベルを決定することができる。

　したがって、フォルケスコーレの一般的規則の範囲内であれば、自治体は学校の変更、学校全体のルーティーン、新しい学校の設立などについて決定権があり、各学校が地域の特性を考慮した教育内容を組み込むことを許可する自由も有している。

　各自治体は、公立学校の教育レベルの年間報告を国にする必要がある。また、学校システム、知識レベルなどについて、前年よりさらに評価を高めるための措置を講じているかどうかについての説明義務を負っている。

フォルケスコーレにおけるクラスと教員

　フォルケスコーレにおいて教員は、児童生徒個人だけにかかわるのではなく、クラスのなかで生徒が成長していくためにクラスを組織しなければならない。前述の通り、児童生徒数は1クラス平均20人で、上限は28人とされている。

　フォルケスコーレは試験を目的としていない。児童生徒が同じ世代の者たちと学校に出席・参加するためのものである。ゆえに、不登校というものは、フォルケスコーレにはほとんど存在しない現象となっている。また、フォルケス

---

(5)　デンマーク教育省公立学校について（http://www.uvm.dk/Uddannelser-og-dagtilbud/Folkeskolen）2016年9月12日最終アクセス。

(6)　デンマーク義務教育段階においては児童、生徒の区別なく、「生徒・生徒たち（elev・eleverne）」という名称が使用されることが多い。ただし、学校によっては別名の呼称をしている場合もある。

(7)　デンマーク教育省公立学校について（英語版）（http://eng.uvm.dk/Education/Primary-and-Lower-Secondary-Education/The-Folkeskole）2016年9月12日最終アクセス。

(8)　同上。

コーレ法（公立学校法）においては、親子が同意すれば、設定されている期間にわたって留年することも可能となっている。

　教育内容は、児童生徒の能力の開発と、できるだけ多くの可能性を最大限与えるための教育保障の原理に基づいて作成されている。教育は、児童生徒が共通の経験をするためのパーフォーマンスに対する協力とそれに対する準備の提供、そして個々の児童生徒がもつ興味や資格のためのニーズの開発という二つの側面を強化していくものとなっている。

　デンマーク教育省はフォルケスコーレの学習コンサルタント[9]を自治体から派遣し、児童生徒の教育の質的向上を目指している。また、教員および学校管理者と自治体行政など、いくつかのレベルの指導を提供することになっている。

クラス担任

　クラス担任に関しては、デンマークでは学校の伝統であり、歴史的なルーツをもっていると考えられる。クラス担任は、クラスというグループのなかで、児童生徒の監督を行い、個々の児童生徒に対する社会的な開発をサポートするという責任をもっている。

　担任は、授業やクラス全体のプログラムの推進していく。その中心的な役割は、学校が児童生徒にとっての家庭となるように協力することである。また担任は、クラスにかかわる他の教員と協力し、クラスの計画、教育を行い、個々の教育レベルに合わせた学習指導と評価の中心となる。基本的に、デンマーク語の担当教員がクラス担任の役割をすることになっている[10]。

教科・カリキュラム

　義務教育の10年間においては、3領域の学習においてそれぞれ必修科目が含まれている（**表4－1**を参照）。

　デンマーク語が第二言語とされる生徒については、0学年から9学年の期間に、必要に応じてデンマーク語の授業が提供される。上記に加え、8学年、9学年においては、各学校が教育科目の範囲において他学科の提供が可能となっている[11]。

表4−1　必修科目一覧

人文系科目	デンマーク語	すべての学年
	英語	1学年〜9学年
	キリスト教	すべての学年
	歴史	3学年〜9学年
	社会	8学年〜9学年
クリエイティブ系科目	スポーツ	すべての学年
	音楽	0学年〜6学年
	美術	0学年〜5学年
	木工・手芸・家庭のいずれか一つ	4学年〜7学年
科学系科目	数学	すべての学年
	自然科学	0学年〜6学年
	地理	7学年〜9学年
	生物	7学年〜9学年
	物理および化学	7学年〜9学年
特別科目	交通安全	
	健康と性教育	
	職業体験	
選択外国語	ドイツ語	5学年〜9学年
	フランス語	5学年〜9学年

※フォルケスコーレ（公立学校）カリキュラム（http://www.emu.dk/omraade/gsk-1%C3%A6rer）を参考に筆者作成。
　上記以外に、IT とメディア、イノベーションと起業、言語発達等、複合領域における科目などもここ数年、新たに設置されている。

---

(9)　デンマーク学習コンサルタントについては、（http://www.uvm.dk/Uddannelser/Folkeskolen）を参照。
(10)　同上。
(11)　同上。

　フォルケスコーレにおける教育については、教育省大臣が知識とスキルの目標を確立させる権限を有している。各学年の科目の目標も大臣が決定し、義務教育の最終段階での目標と方向性を確立していく。カリキュラムの設計、教育開発のためのガイドラインについて、各学校が説明をし、最終的な承認を自治体から受けることにより、自治体と学校との連携を図っている[12]。

０学年

　デンマークの就学前クラス（１年間）の歴史は長く、20世紀の初め発足している。1912年、エスビヤー（Esbjerg）という漁師町で、漁港労働者である女性たちの子どものために学校長が学校内に「前クラス（Forklasse）」を設置し、６歳児77名が通い始めた。この「前クラス」が全国的に広がり、1962年に学校法が変更され、「幼児クラス（Bøenehaveklasse）」と呼ばれるようになった。

　その後、1980年、すべての自治体において、学校内に幼児クラスを設置することが義務化された。この幼児クラスは小学校のエリア内にありながら、あくまでも遊びが中心の保育内容となっていた。また、幼児クラスへの入学についても自由な選択が保障されてきた。

　そして、2009年以前より、就学前の１年を小学校の教室で過ごす「０学年制度」が実施されるようになった。自治体によって対応も様々であったが、年々保護者の要望も高くなり、０学年の就学率が100％近くなったこともあり、2009年に０学年が義務教育に組み込まれることになった。

　管轄省は「社会・子ども統合省」から「教育省」に移行し、前述の通り、義務教育期間は０学年から９学年の10年間となった。それまでは保育法の下に置かれていた幼児クラスが、学校教育法の下、学校教育に統合される形となったのである。

　０学年はフォルケスコーレ以外の私立学校においても義務化され、設置されている。公立学校の０学年の担当は、「ペダゴー（Pædagog）」[13]と呼ばれる幼児クラスの担当者が継続して行うこととなった。ただし、私立学校の０学年は、以前から保育者ではなく教員が担当している場合が多かった。

　その後、2012年に０学年クラスの改革が実施された。遊び中心の保育が主で

あった活動内容から学習カリキュラムが導入されることとなり、現在に至っている。

10学年

　デンマークの教育制度においては、9学年の義務教育終了後、さらに10学年として1年間の継続教育を選択することができる。その場合、公立学校の10学年に進むか、私立学校の10学年、私立の全寮制のエフタースコーレ（第6章で詳述）の三つの継続教育機関が用意されている。

　公立の場合は、各学校に10学年があるのではなく、自治体によって数は異なるが、だいたい3校のうち1校に10学年が設定されている。なかには学業に不安を抱き、さらに1年という生徒もいるが、日本の留年とはまったく異なり、むしろ10学年は人生における貴重な体験期間であるという共通認識がある。継続学校の生徒数は**表4−2**の通りである。

表4−2　7学年から10学年までの学校別生徒数変化（2011年データ）　（人）

グレード	総生徒数	公立学校生徒数	私立学校生徒数	エフタースコーレ生徒数
7学年	67,399	56,116	11,284	0
8学年	69,118	55,891	11,824	1,400
9学年	68,958	49,189	10,585	9,184
10学年	39,174	18,071	4,392	16,711

※デンマーク統計省データ（http://www.dst.dk/en/Statistik/emner/fuldtidsuddannelser.aspx）をもとに筆者作成。2016年9月16日最終アクセス。
※エフタースコーレは、8学年、9学年とも1年間在籍することが可能となっている。

---

(12)　同上。

(13)　ペダゴーの職業領域は、保育園、学童保育、レクレーションセンター・老人福祉施設・養護施設・刑務所など保育・療育全般にわたっている。「社会教育士」とか「生活指導員」といった邦訳が当てられることが多い。資格取得要件は、基本的には養成機関である専門総合大学における3年半を卒業することである。教員（lærer）とは異なる養成機関であり、日本の保育者（保育士・幼稚園教諭）と教員養成の違いに近い。本論においては、日本の保育士や社会福祉士などとの混乱がないよう「ペダゴー」をそのまま使用する。19ページも参照。

　表4－2を見ても分かるように、エフタースコーレへは8学年から入学が可能となっている。ただし、エフタースコーレの在籍は1年間のみとなっているため、9学年には公立および私立学校に復学することになる。

　表4－2にあるように、9学年の義務教育終了後、約半数の生徒が10学年の継続教育を選択している。また、10学年に在籍している生徒のうち、46％が公立学校、11％が私立学校、46％が継続学校であるエフタースコーレに在籍していることが分かる。この人数のなかには、公立から私立、あるいは私立から公立への転校生も含まれている。

　いずれにせよ、9学年の生徒の半数近くがエフタースコーレに進級し、1年間、寮生活を行って学んでいるというのが現状である。なお、10学年の1年間の学費は、それまでと同様に、18歳まで全員に支給される子ども手当によって一部軽減されている（第6章を参照）。

2　フリスコーレの概容

（1）独立学校群としてのフリスコーレ

　教育は親の権利であるという考えのもとに、コルは学校教育制度の変革としてフリスコーレ（friskole）の発展に力を注いだ。第3章でも述べたが、「国家は子どもたちから親を引き離してしまった」[14]というコルの言葉に残されているように、教育をつくっていくのは国家ではなく、親たちであるという考えがデンマーク教育の基底にはある。

　国家を支える国民をつくり上げていく教育は、国民自らの手によってつくり上げてゆくべきものであり、それゆえ、学校教育を含め、教育の権利と責任は親が有するというグルントヴィとコルが主張した教育の自由が理念として継承されている。

　前述したように、これらの教育の自由は、歴史的には19世紀半ばに発布されたデンマーク民主憲法が出発点となっている[15]。教育を受ける所は、必ずしも

学校とは限らないということが明記されたのである。以降、この民主憲法の精神に則って制定されたフォルケスコーレ法においても、家庭学習を受けている子どもは学校での教育に参加しなくてもよいとされている。また、デンマーク教育省は私立学校について下記のように明記している。

- 義務教育は 1 年間の就学前クラスと初等教育、前期中等教育の 9 年の10年間である。その間の教育については、公立学校、私立学校、自宅教育のいずれにするかは親の選択の問題であり、受け入れ基準が満たされていれば自由である。
- デンマーク議会におけるすべての政党は、私立学校によって提供される公立学校への刺激が教育全体の向上につながるとして財政支援をする。
- 財政支援を受けている私立学校の教育内容への規則関与は、最も一般的・基本的な内容のみである。
- 認可された私立学校は、イデオロギー、宗教、政治、民族に関係なく融資を受けることができる[16]。

　このように、デンマークにおいては、私立学校の独自性が認められ、財政的にも支援されている環境であることが分かる。現在もなお、デンマークの義務教育段階における私立学校の生徒数は増加し続けている。

（2）デンマークにおける私立学校の児童生徒数の変遷

　義務教育段階における私立学校が年々増加の傾向にあることは**表 4 - 3**からも分かる。1988年からの10年間で私立学校の児童生徒数は約1.5倍となり、公立学校に占める割合は10％から14％となった。さらに、現在においても増加し続けている。義務教育段階のすべての子ども（590,000人）が公立の1,600校に

⑭　クリステン・コル／清水満訳『コルの「子どもの学校論」』新評論、2007年、113ページ。
⑮　斉藤寿「デンマーク憲法：解説と訳文」前掲。
⑯　デンマーク教育省義務教育私立学校について（http://eng.uvm.dk/Education/Primary-and-Lower-Secondary-Education/Private-Schools-in-Denmark）2016年 9 月12日最終アクセス。

通い、16％の659,000人余りが510校の私立学校に通っている（2008年）。

　私立学校のなかで最大数を占めるのが、前述したフォルケホイスコーレ運動のなかから生まれ、グルントヴィとコルの教育を継承するフリスコーレである。次に、学科教育を中心とした学校が多い。この学校は高等専門学校や大学に継続していくという教育を特色とし、多くの児童生徒数を要する大規模校が多い。そのほか、自由革新を特徴とする学校やカトリック系、イスラム系の学校、シュタイナー系の学校、学習障がいやハンディキャップをもつ子どものための学校もこれらの独立学校群に入る。

表4－3　義務教育段階におけるデンマーク私立学校の生徒変遷

年度	公立学校（人）	私立学校（人）	合計（人）	私立学校の割合（％）
2000／01	560.524	77.593	638.117	12,07
2001／02	573.377	80.111	653.488	12,26
2002／03	583.256	82.792	666.048	12,43
2003／04	591.884	86.050	677.934	12,69
2004／05	596.581	88.463	685.044	12,91
2005／06	596.303	90.832	687.135	13,21
2006／07	595.573	92.090	687.663	13,39
2007／08	586.435	91.232	677.667	13,46
2008／09	579.637	95.931	675.568	14,20
2009／2010	568.954	95,142	664,096	14.32
2010／2011	561,755	100,022	661,777	15.11
2011／2012	559,115	102,638	661,753	15.51
2012／2013	554,045	104,866	658,911	15.91
2013／2014	551,874	107,581	659,455	16.31

※公立学校の児童生徒数には、特別支援学校の生徒も含まれる。
※デンマーク私立学校情報および統計資料より筆者作成。（http://eng.uvm.dk/Education/Primary-and-lower-secondary-education/Private-Schools-in-Denmark）
（http://www.uvm.dk/Service/Statistik/Statistik-om-folkeskolen-og-frie-skoler/Statistik-om-elever-i-folkeskolen-og-frie-skoler/Elevtal-i-folkeskolen-og-frie-skoler）2016年9月17日最終アクセス。

（3）デンマークの私立学校のガイドライン

　2000年の PISA の結果を受けてデンマーク教育省は、私立学校の教育内容についても管理していくという方向転換を図った。自由教育という名のもとに教育内容の自由を容認し続ければ、児童生徒の基礎知識の定着において困難なケースも出てくるという懸案より、デンマーク教育省は2000年、「フリスコーレおよび私立の基礎教育における教育を受ける義務の履行とその監督に関するガイドライン」を制定した[17]。

　2000年の PISA への参加以前は、国際的な競争教育志向への抑制勢力として独立学校群が存在していた。しかし、PISA の結果を受け、デンマーク教育省はグロバリゼーション化に向けて2006年より教育改革を開始した。

　2012年のデータによれば、OECD 諸国の学校教育費支出の GDP 比は、EU の平均5.2％に対して、デンマークは大きく上回る8.5％となっている[18]。教員一人当たりの児童生徒数も、初等教育（小学校低学年）で11人弱、小学校高学年で13人強、中等部においても20人以下がほとんどである[19]。フリスコーレを含む私立学校への助成金保障や、教育費に投入される公的資金については国際的にもトップクラスである。それにもかかわらず、PISA の結果において効果が現れていない教育費効率の低さを OECD から指摘されたデンマーク教育省は、対応策として教育改革政策を打ち出していった。そして、私立である独立学校群についてガイドラインを制定し、教育内容のレベル維持および向上を図った[20]。

　教育を受ける義務の履行、教育内容レベルの確保、授業の視察義務などをガ

---

[17]　フリスコーレ・プリベイトスコーレ法（私立学校法）（https://www.retsinformation.dk/Forms/R0710.aspx?id=182103）2016年8月9日最終アクセス。

[18]　デンマーク教育省データ。（http://www.uvm.dk/Service/Statistik/Tvaergaaende-statistik/~/media/UVM/Filer/English/PDF/12312%20Facts%20and%20figures%202009%20vers%202.ashx）2016年9月12日最終アクセス。

[19]　OECD 編『図表でみる教育2010』明石書店、2010年。国立公立機関のみが対象のデータである。

[20]　デンマーク教育省義務教育私立学校については、本章註[16]で前掲。

イドラインとして制定したのである。私立学校の教育に要求されるのは公立学校と同じ教育内容であるとし、デンマーク教育省に通知したうえで、試験をしないことが認可されている小規模の独立学校の9校以外は試験を検討することが義務化された。また、私立学校の評価に関する親の要望への対策をすること、児童生徒たちの全体的な教育対策チェックをするための教育省が認定した約300名の監督者である認定スーパーバイザーを保護者会が選択することが義務化された[21]。

それによると、児童生徒の知識が不十分であることが分かった場合は教育省に報告する義務があるとなっている。また、親が学校に不満をもっている場合は、以下に挙げる三つのことが可能となった。

❶別の私立学校、公立学校への転向、あるいは家庭教育に移行すること。

❷自治体の公立学校は、入学希望については常に認めること。

❸デンマーク語が不十分で、デンマークでの生活に障がいがある児童生徒については、特別な指導者を定めることができる。

デンマーク教育省からの詳細なガイドラインに対応しながらも、独自の教育実践を継続し、児童生徒数も増加傾向にあるのがフリスコーレである。前述したように、フリスコーレはグルントヴィとコルの「国家からの教育の自由」を目的として創設されたもので、現在の私立学校の原点となった学校である。フォルケホイスコーレの教育理念を継承し、「生きたことばと相互作用による対話」を教育内容の根幹としている。最近では、グルントヴィの名前を知らない若い母親たちがその教育内容に魅力を抱き、子どもを入学させるケースも増えている[22]。

（4）フリスコーレ協会

フリスコーレ協会は1886年に設立されている。その後、デンマーク国内の様々な独立学校とも新たな協会を設立し、現在、独立学校協会審議会としてデンマーク教育省へ教育政策的な要請を直接行うことが可能となっている。ここ

でも、グルントヴィの連帯や共同体の思想が具現化していると言える。

フリスコーレ協会に掲げられている五つの自由があるので紹介しておこう[23]。

❶理念的自由——いかなる理念に基づいても学校を設立する自由が国民にある。

❷教育的自由——いかなる教育内容・手法の学校でも設立する自由が国民にある。

❸経済的自由——学校には政府からの補助金をもとに運営する自由がある。

❹雇用の自由——学校は理事会をもち、雇用する職員は資格や技能を決める自由は理事会にある。

❺生徒の自由——生徒はどの学校にも入学でき、また学校側には学校方針に合わない生徒の入学を拒否できる自由がある。

生徒の成績評価についても、下記のように明記されている。

- 創立当時からカリキュラムや教育内容も学校独自のものであり、国家や教会の指定した教科書を使用することもしなかった。また、原則として試験を課さなかったのは当然であり、現在もその教育方針が継承されている。
- 公立学校と私立学校の間に存在する可能性の相違は、歴史的、文化的に条件づけや法律とはなんら関係ない。
- 試験をしない資格を法律によって与えられることが、私立学校基本法に明記されている。
- 評価サンプルが存在しない学校はリテラシーではなく、他の方法で学生を評価する[24]。

---

(21) 私立学校認定監督者（認定スーパーバイザー）については下記のホームページを参照。（http://www.uvm.dk/Uddannelser/Frie-grundskoler/Tilsyn/Certificeret-tilsynsfoerende）私立学校認定指導スーパーバイザーは、ウェブ上で地域ごとに氏名とメールアドレスが公開されている。スーパーバイザーの専門領域や経歴等も記載され、保護者総会で担当スーパーバイザーを決定することになっている。

(22) 清水満「デンマークのフリースコーレとエフタースコーレ」前掲。

(23) フリースコーレについての説明。（http://www.friskoler.dk/da/presse-og-politik/fakta-og-myter-om-friskoler/）2016年9月12日最終アクセス。

　このように、生徒の評価方法においてもグルントヴィとコルの考えが継承されていることが分かるだろう。

　次章では、フリスコーレの具体的な教育内容について、「オレラップ・フリスコーレ」および「フレデリクスベア・フリスコーレ」を例に挙げて述べていく。

⑷　フリースコーレ試験。（http://www.friskoler.dk/da/presse-og-politik/fakta-og-myter-om-friskoler/）2016年9月12日最終アクセス。

第 5 章

私立学校

―フリスコーレにおけるオラリティの諸相―

０学年でグルントヴィ記念日を祝う

本章においては、創設以来クリステン・コルの教育理念を継承している「オレラップ・フリスコーレ（Ollerup friskole）」と、1980年設立の比較的新しい「フレデリックスベア・フリスコーレ（Frederiksberg Friskole）」の２校の教育内容を、オラリティという視点で考察していく。さらに、フレデリックスベア・フリスコーレでの授業視察を通して、オラリティの諸相を考察していく。

1 オレラップ・フリスコーレの教育内容の特徴

オレラップ・フリスコーレは、1867年、クリステン・コルの学校理念に賛同したラスムス・ペダーセン（Rasmus Pedersen）らによって、青年農民のためのフォルケホイスコーレとして創設された。その後、様々な経緯を経て、1920年代より新しい学校として歩み始め、自由な教育内容を取り入れることで、受け入れる年齢層も学校施設も拡張していった。

1950年代になると農村の都市化が進み、小規模校にとっては存続が困難な時代となった。この時期、教育環境の整備に方針を転換することでオレラップ・フリスコーレは児童生徒数を増加させていった。幼児クラスも設置し、現在では150名の児童生徒が通う学校となっている[1]。

以下に記すのは、オレラップ・フリスコーレのウェブサイト[2]を参考にして、筆者がまとめたものである。

オレラップ・フリスコーレの教育理念

オレラップ・フリスコーレは、国家からの抑圧、強制学習と暗記学習に対する抵抗といったコルの学校理念を継承している。神聖な存在として子どもを信じることを教育理念の核とし、デンマークの独立した学校として存続してきた。掲げられているその教育理念の内容は下記の通りである。

・学校は個々の児童生徒[3]の性格を尊重し、発展させる環境と場を創造する必要がある。

・学校は児童生徒の好奇心と想像力を刺激していく。学ぶ意欲、生きていく

熱意を与える。

・学校は児童生徒自身に、能力開発への責任と自らの学習計画を提示する必要がある。また、そのためのツールを提供する必要がある。

・学校は、児童生徒のことをよく知り、社会的、文化的、歴史的な文脈のなかの知識を与える必要がある。

・学校は、親、児童生徒とスタッフの間のコミュニティーであり、開放性と共感に基づいている。

・学校は、児童生徒と親の生活の自然な一部である必要がある。

自然の中で遊ぶ子どもたち

グルントヴィとコルの教育思想

この学校は、グルントヴィとコルの思想に触発された幸せな学校づくりをしていく。すべての児童生徒は、唯一無二の存在であることを理解することが重要である。このことを正しく理解し、児童生徒を評価しなければならない。自分だけが唯一無二の人物であるということを信じるようになってはいけない。すべての人々が唯一無二である。

学校について

学校は個人を尊重することを基本としている。学校は、地域社会の仕事や

---

(1)　オレラップ・フリスコーレ（http://www.ollerupfriskole.dk/）2016年9月12日最終アクセス。

(2)　同上。

(3)　オレラップフリスコーレにおける生徒は、子どもたち（børn）および生徒たち（elever）と表記されている。本著では公立学校と同様に、初等教育段階を児童、前期中等教育段階を生徒とし、日本の教育段階に対応させた表記とする。

個人の成長のための学習の場であり、一つのコミュニティーである。ここでの個々の経験を、権利や義務という方法ですべての社会コミュニティーに貢献していく。

　学校は安全な環境を維持し、それらの安全な環境が児童生徒の共通の経験に生かされていく。オープンステージイベントやテーマ週間の設定により、年齢を超えて相互作用を促す経験をしていく。

学習内容について

　包括的、多様性のある学習内容、またその方法を求めていくことが必要である。具体的には、自然野外活動としてキャンプの実施、文化的イベント、彫刻や芸術作品の創造活動、音楽や演劇活動などである。特に、地元の音楽学校と連携をとりながら、オープン音楽室での合同活動を展開する。

　私たちの教育は、歴史的・詩的でなければならないとしている。ティーチングは活気と詩的な言葉で語られ、聞く者たちが創造的に刺激されなければならない。授業時間以外にも、児童生徒と教員は対話と協力のなかで信頼し合い、学び合う。

演劇発表会の様子

最終試験科目について

デンマーク語、英語、ドイツ語、数学、物理、化学、生物、地理学（選択）となっており、義務教育終了時の最終試験科目は公立学校と同じ内容となっている。

典型的な一日

朝8時15分、鐘が鳴ると朝礼のためにメインホールへ全員が集まる。音楽教員による祈りの時間がある。誕生日の生徒がいれば、必ずお祝いの歌を全員で歌う。

その後、クラスに分かれて9時50分まで授業。授業終了後、30分の休憩。再び、午前11時50分まで授業。高学年クラスは13時50分、あるいは14時45分まで授業[4]。

休憩中の活動は様々である。グループごとに、コンピュータルームのある図書館での読書や体育館で卓球を行ったり、屋外トラックでサッカーやソフトボールを行う。各エリアで、担当教員が見守っている。

「音楽と物語の時間」がある週は、通常の授業に加えて、すべての児童生徒が時間を共有する。『交響曲第9番』の合唱は、毎年全員で歌っている。

「物語の時間」について

物語の読み聞かせは、オレラップ・フリスコーレの重要な部分となっている。1867年に学校が創設して以来、教員たちは様々な読み聞かせを実践してきた。「聖書物語」「神話」「英雄伝説」「自然と歴史物語」などである。語り手は、言葉の裏側に感じるものを表現することが重要となる。

教員は情熱的であるだけでなく、あらゆる要素を考慮して物語を選択していく。授業で児童生徒に物語が語られる時、児童生徒は頭の中にそのイメージを形成し、個々にそのイメージをつくり上げていく。そこには、「正しい答え」というものは存在しない。物語の世界において、教育的な価値は測定

---

(4)　学校改革によって、2014年8月の新学期より公立および私立学校の各学年の授業時間数が増加し、現在は低学年は14時まで、高学年は16時までの授業となっている。

できないのである。

　物語のイメージは、テレビやコンピュータ画像に対抗できるほど特別なものである。物語のフレームづくりは、朝の歌の時間にある。前日の夜に体験した個人的な小さな出来事——例えば、動物を捕まえたこと、家での楽しいイベント、学童保育での体験などを朝の歌の時間に児童生徒は話す。

　教育内容に支障がない限りは、授業時間の導入には短時間の物語タイムが含まれている。その内容は、おばあちゃんの話やアフリカの話、ひょっとしたらキツネの話かもしれない。

　授業は40分となっている。授業以外に、毎週、特別な物語の時間がある。授業終了後の午後4時から午後5時までにお話タイムが設定されている。音楽史、動物や魚のこと、『みにくいアヒルの子』などといったアンデルセンの物語など様々な領域のことを、物語を通して学んでいく。外部からのゲストテーラーも常に歓迎されている。

　以上が、オレラップ・フリスコーレの教育理念などの内容である。代表的なフリスコーレであり、すべてのフリスコーレに共通する基本的な内容が含まれ

オレラップ・フリスコーレのヤコブ・リンゴー校長

ていると考えられる。特に注目すべきは、「物語の時間」である。この授業はすべてのフリスコーレで実践されており、グルントヴィとコルの教育理念を支える根幹となる授業となっている。

　学内を案内してくださったオレラップ・フリスコーレの校長であるヤコブ・リンゴー（Jakob Ringgaard）先生も、神話や創作物語を通して歴史を語ることがグルントヴィの教育理念として重要な内容であることを話され、声による表現について次のように語ってくれた。

「話すこと、聞くことという関係性のなかで、想像力が高まっていくことにつながる。現在はコンピュータや映像が与えられすぎており、自分でイメージ喚起する力が弱くなっている。子どもたちは自分なりのイメージをつくっていくことで、自分だけのファンタジー、つまり物語を自分のなかに育てていくことができる。また、最初にみんなで一緒に声を出して歌うことで、他者の声を聞き、他者の存在を認めることができるようになる。ともに声を出し、聞き合い、歌うことは、子どもの発達にとって不可欠な要素であると考えている」

　次に、コペンハーゲン市内のフリスコーレである「フレデリクスベア・フリスコーレ」における「物語の時間」の授業視察を中心として考察していく。

2　フレデリクスベア・フリスコーレにおける教育の特色

　フレデリクスベア・フリスコーレの概要についても、学校のウェブサイト[5]を参考にしてまとめたものを以下で記載する。

学校の歴史

　イングリッド・ハビビ（Ingrid Habibie）らが中心となり、1980年に設立された。孤児院として使用されていた建物を学校施設として使用するために、賃借することとなった。保護者とともにワーキンググループが設置され、学校の法令を作成したのちに創立総会で採択された。最初の学校代表者として、イングリッド・ハビビが1980年12月に選出され、教育省に通知された。

　1981年8月の開校時、児童生徒数は23人であった。毎年、児童生徒数が増加し、1987年8月には約140人の児童生徒が在籍するようになり、それに対応できるだけの学校施設の拡大がなされた。

---

(5)　フレデリクスベア・フリスコーレ HP（http://frederiksbergfriskole.skoleporten.dk/sp）

基本情報

　全児童生徒数は123人となっている。その内訳は、0学年18人、1学年16人、2学年15人、3学年17人、4学年15人、5学年13人、6学年15人、7学年14人となっている。教員数は13人であり、所在地は「Dronningensvej 3,2000 Frederiksberg　38880504」である。

　デンマークにおけるフリスコーレは、通常0学年から9学年の10年間となっているが、1980年の創立時に小規模の子どもの世界をつくってほしいという保護者からの希望もあり、この学校では現在も7学年までの在籍となっている。7学年終了後は、他のフリスコーレの8学年に、ほとんどの生徒が進学をするとのことである。校区は、比較的、経済的に安定した地区である。

目的

　学校の全体的な目的は、グルントヴィの理念や哲学を通して、児童生徒が地球上の生命の多様性に対して開眼し、それらの生命に勇気を与えるような人生を望むように導いていくことである。児童生徒の自尊心を強化し、社会のなかで、個人としての存在意義を発見する機会を与えることである。

　また、フリスコーレ協会の目的と同じく、自由と民主主義のもと、児童生徒の理解を強化し、基本的人権と自由およびジェンダーにおける平等を尊重する児童生徒を育成することである。

教育テーマ

　フレデリクスベア・フリスコーレは、何よりもまず幼年期の学びを重視している。前述したように、学校は0学年クラスから7学年クラスまでの構成となっている。教員は、児童生徒が学校に行くことによって喜びと熱意を維持できるよう、切れ目のない連続学習の場としてクラスを捉えている。

　入学時において、児童生徒の想像力、好奇心と観察、運動能力と社会理解力を重視し、学校環境になじませるほか、意欲を維持することを重視している。学習とともにすべての経験が、児童生徒にとって楽しいものであるように努力することが求められている。すべての科目において、そのことが可能

になるよう挑戦していくことを目標としている。

　特に、0学年の教育において明確な考えをもっている。初年時の児童たちの多様性を考慮するが、ただ単に生活することを中心とするのではなく、児童が刺激を受け、クラス担任によってモチベーションを高める必要がある。そのための要素として、教員や友人との良好なコミュニケーションと安心感が不可欠となる。

　教育における物語の役割は非常に重要なものと位置づけている。様々な科目の学習は、生きている言葉によって語られることによって独創的な学習となる。最終クラスの7学年においては、教員の物語や教員と児童生徒との対話のなかに、生きた言葉による独創的な学びが見られるようになる。

　カリキュラムに沿った学習は、学校のみではなく、周りの人々とのかかわりのなかで知識となっていく。児童生徒の学習意欲は、学校以外での生活や休暇の時の活動を通して高まっていく。学校での学びを通して、児童生徒は自分を信じ、人生において自分の居場所を獲得することができると考える。そして、人生に満足し、生きていくことに意欲の高い児童生徒を送り出したいと考えている。

物語の時間

「物語の時間」は、自分たちで経験し、生きていくための言葉を理解するために、自らの感覚と想像力を開発することを目的とした時間である。お伽話、神話、伝説、聖書の物語を通して、デンマークと世界の歴史を教えていく。歴史を学ぶ過程で、児童生徒に自らと歴史がつながっているという感覚を与えることができる。現在営まれている私たちの生活と、過去の人たちの生活はつながっている。日常生活において過去とのつながりを意識することで、将来発展するための強い責任感をもつようになると考えられる。

　教員が語る「物語」を通じて、児童生徒は自分のイメージやアイデアを作成していくことが可能となる。伝統的な物語は本質的に普遍なものであり、それらは児童生徒の自己認識とアイデンティティの確立に大きな役割と果たしていくと考えられる。

　事実関係と歴史的・詩的な事柄の相互作用における効果は想像力を高め、個々の児童生徒たちに歴史に対する独自の解釈といった余地をつくることになる。歴史は生命の多様性と人間の夢を児童生徒に語りかけ、心の広さと勇気を与えるものである。

　上記のような考えに基づき、フレデリクスベア・フリスコーレは物語を通して歴史を学ぶ授業を実践している。物語は活字データとして与えられているが、毎回の授業において必ず音読がなされている。なお、低学年の場合は、教員の読み聞かせを通して内容理解を高めている。

　物語を通して行われている歴史教育の内容一部を**表5－1**に示しておく。お伽話、神話や伝説では、教員の語る物語を聞きながら対話形式で学んでいき、事実に基づく歴史教育においては、より多くの対話に基づいた理解が児童生徒の理解を深めていくと考えられる。

表5－1　物語を通しての歴史教育内容の一部

0学年	民話→石器時代。
1学年	北欧神話・伝説の王→青銅器時代と鉄器時代
2学年	旧約聖書→ヴァイキング時代・ 千夜一夜物語→古代エジプト時代
3学年	ゴーム王の物語→デンマークの古代史 エリック・セイガー→ギリシャ史
4学年	新約聖書→ローマ帝国史 マルグレーテ1世の物語→カルマル同盟 レオノーラ・クリスチーナ「青の塔」→中世 エリック王の物語→デンマークの歴史・探検家について
5学年	インカ帝国とその没落の物語 マルティン・ルター→宗教改革と絶対主義からデンマークの歴史 コペルニクス、ガリレイ→科学史

3 視察した授業について

　フレデリクスベア・フリスコーレの授業は、０学年を中心に視察した。ここでは、その授業内容について詳細に述べていくことにする。

　０学年の児童たちは、好奇心からより多くのことを学ぶ。学校に慣れ親しみたいという欲求を促し、それぞれの児童の発達に合った課題を与えることによって、学校生活の基礎を築く時期でもある。

　０学年の教育テーマと学習内容については、遊びの本質的な価値を重視し、遊びの活動を通して学習と教育を進めていくことが重要となる。保育園での保育を基本とし、児童たちが家族との日常生活やレジャーにおいて取得していくスキルや知識、そして経験を開発することがテーマとなっている。また、０学年の授業においては、家庭や保育期から１学年以降のクラスや学童保育への移行期間とそのつながりを意識することに重点を置いている。

　学校は、０学年の児童たちがカリキュラムに対応するための意欲を高め、コミュニティーとの様々な社会的なかかわりの機会を設定し、具体的な機会を設けることによって継続的な教育の基礎が構築できるように努力している。また、児童たち自身が大きな社会のコミュニティーの一部であることを学ぶことを目的として指導内容が考えられている。

　具体的な０学年の学習テーマは次のように示されている。

❶言葉と表現方法

❷自然との触れ合いと自然現象の理解

❸音楽

❹遊びと運動

❺社会性の熟練

❻話し合いと共同作業

　これは、保育法に示された保育テーマと共通しており、保育内容との連携を考慮したものとなっている。カリキュラムについては１学年から本格的な授業

身体で学ぶ算数

となるが、0学年の場合、遊びを中心とした活動を通じて国語、算数、運動、音楽などの授業が組み込まれているところが多い。ただし、デンマーク語の発音、意味理解などの言語習得については、0学年および1学年における指導の強化が求められている。

0学年の時間割

0学年の時間割は下記のようになっている。朝の会が8時45分から始まり、14時に授業が終了する[6]。この時間設定は公立学校と同じである。

0学年の担任

公立学校における0学年の担任は、基本的には「ペダゴー（Pædagog）」が担当することになっている[7]。私立学校も公立学校の学校法に準拠する形となっているが、学校の特徴に応じて、ある程度の融通性が確保されている。

フリスコーレの場合、0学年担当はペダゴーではなく、1学年以降と同じく「レイア（Lære）」と呼ばれる教員が担当している。ちなみに、フリスコーレの教員の多くは、教員専門の養成機関であるフリレイアスコーレ（Ollerup Den Fri Lorerskole）[8]で学んでいる。

表 5 － 2　フレディクスベア・フリスコーレ「0 学年」の時間割

	月	火	水	木	金
8：30～9：00	朝の時間	朝の時間	朝の時間	朝の時間	朝の時間
9：00～9：45	言葉	言葉	言葉	視覚芸術	言葉
9：45～10：30	数字ゲーム	物語			
10：30～10：50	フルーツと自由時間	フルーツと自由時間	フルーツと自由時間	フルーツと自由時間	フルーツと自由時間
10：50～11：35	遊びと学び	テーマ授業	読書	数字ゲーム	遊び
11：35～12：20	昼食（お弁当）	昼食	昼食	昼食	昼食
12：20～13：05	スポーツ（専門教員）	遊び	物語	物語	数字ゲーム
13：05～14：00		遊びと学び	音楽	遊び	物語

※教室に掲示されていた時間割表を筆者が翻訳。

4　0学年の授業を視察

　2015年 9 月 8 日（火曜日）、「デンマーク語・物語（fortælling）」の授業を参与観察した。児童数は18人で、担当教員はパウ・モラー・ペダーセン（Paw Moller Pedersen）という名前の、教員歴10年という41歳の男性であった。この教員は、様々な職業を経験したのち、2001年にフリレイアスコーレに入学し、2006年に卒業している。担当科目は、0 学年から 3 学年の「デンマーク語」と「物語の授業」ということであった。

　参与観察した内容を時系列にまとめて表 5 － 3 とした。また、参考資料として授業の様子を写した写真も掲載しておく。

---

(6)　本章の註(4)を参照。

(7)　「Pædagog」については、第 4 章註(13)および19ページを参照。

(8)　フリレイアスコーレ（http://www.dfl-ollerup.dk/）「自由教員養成学校」と邦訳されており、オレラップに 1 校のみ開校されている。教員資格免許取得制度はいないが、公立学校の 4 年間より 1 年間長い 5 年間の養成期間となっている。義務教育終了後の 1 年期間の学校であるエフタースコーレの教員として、高い能力が認められている。

表5－3　フレデリクスベア・フリスコーレへの参与観察の内容

8：30〜9：00	朝の会。 ０学年から３学年までの児童がともに参加。保護者も多数参加。校長先生からのお話しを聞き、歌を歌う。最後に「何か伝えたいことがある人はいますか？」という問いかけに、０学年の児童が「昨日、おばあちゃんの誕生日だった」と話すと、保護者たちから拍手が送られた。 朝の会の様子
9：00〜9：10	挨拶。 日本からの訪問客の紹介。今日はグルントヴィの記念日であることから、写真を見せながらグルントヴィについて簡単な話をする。その後、今日のスケジュールを説明する。
9：10〜9：30	身体運動と言葉・アルファベットの歌。 足を踏みながらアルファベットを発音していく。その後、アルファベットの歌を授業用ソフト「The Active classroom」を使って、伴奏を流しながら歌う。 ０学年の授業の様子
9：30〜10：00	授業用ソフトを使った言葉レッスン。 教員が「今日は何曜日？」と尋ねると「火曜日」と答える。「火曜日は何の字から始まるの？」と問いかける。児童たちの答えるアルファベットが最初に来る単語を質問。様々な単語が発表される。 その後、児童が好きなアルファベットを IPAT 黒板のソフトに書き、他の児童がそのアルファベットで始まる単語を発表し、黒板に書いていく。正しいスペルかどうかを全員に聞き、違う判断をした児童がさらに書いていく。正しい単語になると、全員で再度発音練習していく。 授業は教員が主導していきながらスムーズに進行していく。その後、デンマーク語のテキストでスペルの練習をする。

10：00〜10：30	物語。 教室内を暗くし、教員の話の時間。デンマーク語のアルファベットを使い、生活のなかのモラルについて、逸話を用いて語る。
10：30〜10：50	休憩。フルーツタイム。 中庭でのフルーツタイムの様子
10：50〜11：35	テーマ授業「アンデルセン」。 言葉が大好きな女の子の物語から、自分は何が好きなのかを考える。この日の授業では、まだアンデルセンのことについては触れていない。自分が好きなことに挑戦し続けてきた人がデンマークにはいたということを話し、次回の授業では、その人についてお話しをすると予告する。 物語の授業の様子

　デンマークの学校は、公立学校も含めて始業チャイムがないので、ある程度時間の自由度がある。今回の授業においても時間割通りではなく、児童たちの様子に合わせて始められていた。

　教員は声のトーンも工夫しており、身体的な動きも交えての演劇的な語りかけとなっていた。今日は何曜日という質問から最後のトピックの授業まで、一貫した流れができていたが、この流れをつくっているのが教員の「語り」であると言える。

　11時から行われた「テーマ授業」は、1か月あるいは数か月を使って、一つのテーマを学習していく授業である。今回は、**表5-3**に記した通り、アンデルセンの世界を少しずつ学んでいくという内容であった。

　視察した授業は数時間をかけて実施するテーマ学習の1時間目の授業であり、視覚的な要素を通して児童たちに興味づけをしていると考えられる。音声のみの読み聞かせや語りは、今後展開していくとのことであった。

　授業の視察後、この担当教員へのインタビューを行っている。その内容を以下で紹介していきたい。

5 担当教員へのインタビュー

Q　ここに至るまでの経歴について教えてください。

A　スーパーでアルバイトをしたり、調理師の学校にも通っていましたが、どちらも自分に合う職業ではないと感じていました。ロディン（Rødding）のフォルケホイスコーレで過ごした1年間の体験が自分にとっては大きかったです。誰でも受け入れてくれましたし、先生ともちゃんと話すことができました。もちろん、私の話もきちんと向き合って聞いてくれました。

　同じ考えの学校ならと思って、高校卒業の資格がなくても入学できる「オレラップ・フリレイアスコーレ（Ollerup Den Fri Lorerskole）を見学したのですが、事実その通りでした。自分が求めていた学校だと思いました。現在、0学年、1学年、3学年、5学年の言葉やお話の時間を担当しています。

Q　グルントヴィの教員養成学校であるフリレイアスコーレで学んだことで、最も大切なことは何ですか？

A　教員と言うと、何を教えているのかとか、何年生の担当かと聞かれることが多いのですが、オレラップのフリレイアスコーレでは教育についてもっと大きなことを学んだように思います。そのなかで、最も大きなことと言えば、グルントヴィの世界に出会ったことです。ご存じのように、教会にもミッションがあるわけですが、グルントヴィは教会を超えた存在と言えばいいのでしょうか、開放的と感じ

０学年クラス担任のパウ・モラー・ペダーセン先生

ました。多くの著書も執筆していますが、「こうしなければならない」ということはどの本にも書かれていません。個々の人間が、いかにして毎日を楽しく生きるかということを求めているのです。

Q　授業で行っているストーリーテリングの表現はどこで学んだのですか？

A　フリレイアスコーレでドラマの授業を選択し、そこで声や身体の表現について学びました。

Q　知識を確かめるような筆記試験に反対していたグルントヴィですが、現実的には評価は必要であるとされています。この点について、どのように対応しているのですか？

A　０学年にとって、どのようなテキストがよいかは常に考えています。小さなチェックはしていますが、ナショナルテストの「評価」を獲得するための学習はおかしいと思っています。どこかで試験は必要なのでしょうが……。

　現在、デンマークの教育はグルントヴィの教育理念から少しずつ離れてい

き、試験結果を重視しています。グローバル化のなかで、その潮流に抗って
いくのは困難だろうと思っていますが、これまでデンマークを支えてきた考
え方は大切にしていくべきだと思っています。

Q　具体的に、どのような評価方法をとっているのですか？

A　子どもたちが毎日の学校生活のなかで何をしているのか、また授業におい
てどこまでできているかについて評価をしています。両親との面談の際には、
主に生活面のことを話題にしています。最終的な成績は最終学年で公開する
ことになっていますので、それまでは口頭での説明が中心となっています。
各学年での評価は、あくまでも教員側の資料として蓄積しています。

**Q　2012年からの教育改革について、フリスコーレはどのように対応している
のですか？**

A　フリスコーレなので、自由なカリキュラムが部分的に保障されています。
義務教育修了時に基本的な能力を身に着けているという目的は公立学校と同
じですので、やはり公立の学校改革の影響は受けていると言えます。授業時
間数の増加など、公立学校と足並みを揃えなくてはいけないこともあります。
　　フリスコーレでは、英語の授業のスタートが４学年から３学年へと早くな
り、教員の会議時間の増加などが現在問題になっています。

Q　０学年の教材についてはどのように考えていますか？

A　保育園のレベルが上がっているので、学習内容も対応していく必要があり
ます。10年前までは、本学においても０学年のクラスは自由遊びだけでした。
教育的な内容が入り、面白くはなっていますが、遊び感覚で学習できるよう
にするための教員の工夫は大変かもしれません。私自身、幼児クラスの体験
と言えば遊びのみでした。

Q　今、教員として思うことは何ですか？

A　教員にとって、何の教科を教えるということでなく、人間としてここにい
るということが大切であると考えています。これまでにいろいろな先生と出
会いましたが、専門知識よりも、まずは人としてどうあるべきかについて考
えさせられてきました。デンマークでは、教員という職業がある社会的地位
を表す存在になっていますが、大学を卒業したからといってよい教員になる

わけではありません。

　グルントヴィは、知識偏重の大学に反発していました。小さな国であるデンマークは、グローバル化の波に飲まれていく必要はありません。小さな国の、小さな幸せを求めていく方向に転換していくべきだと考えています。グローバル化、同一化されていく現在だからこそ、グルントヴィの考えが必要ではないでしょうか。とはいえ、ナショナリズムとしてのみグルントヴィを取り上げるのはよくないと思っています。

　０学年の児童たちは、卒業まで楽しみながら学ぶことが必要です。成績にとらわれてしまうことは、非常に残念なことだと思っています。

6 校長へのインタビュー

　授業を視察した２日後の2015年９月10日（木曜日）、午後の時間を取っていただき校長先生にもインタビューを行った。57歳になるという　ペヤ・スリンログ（Per Sleynlorg）校長も、オレラップのグルントヴィの教員養成校であるフリレイアスコーレを卒業していた。

Q　これまでの経歴について教えてください。

A　エフタースコーレの校長を25年間務めたあと、コペンハーゲンに移ってきました。本学の校長となり、フリスコーレの児童生徒の学びにかかわっていけることに満足しています。教育を学んだのはフリレイアスコーレで、一般の学校ではなくフリスコーレで子どもたちに教えたかったのです。

ペヤ・スリンログ校長

７学年の授業で物語を語るスリンログ校長

Q　グルントヴィの理念は、どのようなところに継承されているのでしょうか？

A　毎日の朝の会で、お話を聞いたり歌ったりすることや、「物語の授業」がありますが、すべての児童生徒がお話や物語を聞くことによって学ぶことなどです。そこには、対話による相互作用があります。教員が上から目線で教えるのではなく、子どもの目線に立って教えていくことが重要だとされています。

Q　フリレイアスコーレ出身以外の教員もいますが、グルントヴィの理念についての理解はどうですか？

A　デンマークの学校は、どこの学校で学んだとしても、ある程度グルントヴィの理念が浸透していますので大丈夫です。ただ、フリスコーレはグルントヴィの教育理念に沿って教育を行っている学校なので、教員のほとんどがフリレイアスコーレで学んだ人たちとなっています。公立の教員養成学校からフリレイアスコーレに転学した人たちもいるぐらいです。

Q　７学年までの評価はどのようにしているのですか？

A　０学年から、授業や学校生活を通して一人ひとりの記録をとっています。公立学校もそうですが、基本的に担任が変わることがないので、個々の児童

７学年の物語の授業のあと、子どもたちと対話するス
リンログ校長

生徒の成長をずっと見守っていくことになります。

　児童生徒が評価を見るのは、７学年になってからです。教員のほうで観察
や質問などを通して評価をしていくわけですが、児童生徒にその評価を見せ
るのは最終学年の時だけなのです。それまでは、保護者と本人には口頭で説
明をし、何ができて何ができていないかや課題などに関しては、毎年、学期
末に伝えています。

Q　現在のデンマークの教育改革についてはどのように考えていますか？

A　PISA の結果では、デンマークは諸学国と比較して中間くらいでした。デ
ンマーク教育省は、学校改革を選択しました。その結果、デンマークはヨー
ロッパで最も長時間、児童生徒が学校に滞在する国となりました。目標達成
のために教育がシステム化されたわけですが、それによって失われていくも
のは大きいと考えています。児童生徒と周りの人たちとの相互作用には自由
な時間が必要です。児童生徒の自主性や想像力が閉じ込められてしまうこと
に危惧を感じています。

Q　実際にはどのような変化がありましたか？

A　2012年の学校改革によって、自治体で定められた教育目標を達成している
かどうかについて、自治体から指導者がやって来てチェックすることになり

ました。フリスコーレの教育を受けた児童生徒が、公立学校と比較して、最終となるナショナルテストで成績が著しく低いということはありません。それは、これまでの歴史が証明していてくれています。むしろ、優秀な人材がフリスコーレから輩出されています。

　データ化し、教育の成果を測ることで、本当に子どもたちが幸せになるとは思えません。その流れに抗っていくことが、フリスコーレの存在意味だと考えています。

7　インタビューを終えて

　グルントヴィの教育理念が、眼前に生き返るような内容であった。校長も教員も、グルントヴィの教育理念を学校の表面的なスローガンとしているわけではなく、デンマークの教育の根底にある教育理念をスローガンとしていることが分かる。

　2012年から本格的に開始された教育改革の中心である学校改革は、公立学校のみでなく私立学校に対しても大きな拘束力をもつものである。本章で記載した時間割は、現在すべての学年で、2012年以前より毎日2時間ずつ授業時間が増加している。

　校長が言及していた目標達成の内容とは、デンマーク教育省が学校改革の具体的な目標として掲げた下記項目のことである[9]。公立私立すべての学校および地方自治体に指示され、法的な拘束力をもつこととなった[10]。

❶児童生徒の少なくとも80％が、読解力の国家試験においてよい成績で合格しなければならない。

❷デンマーク語と数学では、成績優秀な児童生徒の割合は年々増加しなければならない。

❸国家試験における読解力と数学の成績の低い児童生徒の割合は年々減少させなければならない。

❹児童生徒の幸福感を増加させる必要がある[11]。

　これらの学校改革の潮流に対し、対話と生きた言葉を教育の根幹としてきたグルントヴィの教育理念がどのような影響力をもっていくのか。スリンログ校長の言葉からも、数少ないフリスコーレの存在が大きな役割を果たすと考えていることが分かる。

8　物語を通した学び

　オレラップ・フリスコーレとフレデリクスベア・フリスコーレの教育内容および授業内容について述べてきたが、グルントヴィの教育理念を継承するフリスコーレとして特徴的な教育内容を実践していることが明らかになった。教育理念そのものに、グルントヴィの「生きた言葉」という文言が明示されているだけでなく、オレラップ・フリスコーレの教育理念には、「国家からの抑圧、強制学習と暗記学習に対する抵抗として創設されたコルの学校理念を継承してきた」と明記されている。その理念に沿った教育内容は、公立学校にはない科目である「物語」として具現化されている。

「朝の会」でのお話や歌に関しては、次章でも紹介するように公立学校においても実践されているが、物語を通して歴史を学ぶといった授業内容は、フリスコーレの教育理念が具現化されている一例であろう。そこには、グルントヴィの「私は歴史を自己展開するドラマと考える。したがって、そのドラマは人間の内面にある想像の火花によってのみ着火されるのであり、闘争の進行とともに歩み入る詩文、時代に努力して目指すものを告知する、このうえなく神聖な詩文として現れるのだ」（第 1 章の註12参照）という文言そのものが、現在で

---

(9)　2014年から始動する新しい学校について（http://www.microsofttranslator.com/BV.aspx?ref=
　　 IE8Activity&a=http%3A%2F%2Fwww.uvm.dk%2FDen- nye-folkeskole）2015年 2 月28日最
　　 終アクセス。

(10)　新しい学校改革法（http://uvm.dk/Den-nye-folkeskole/Lovgrundlag）2014年 9 月 9 日最終ア
　　 クセス。

(11)　新しい学校の目標にいて（http://uvm.dk/Den-nye-folkeskole/Skoleledelse-og-styring/
　　 Nationale-maal-og-enklere-regler）2015年 2 月28日最終アクセス。

もなお実践されていることが分かる。

　お伽話、神話や伝説では、教員の語る物語を聞きながら対話形式で学んでいくとされており、特に０学年や低学年における教員の語りが児童たちの想像力を刺激し、その後の学ぶ意欲を高める重要な要因であることも主張されている。

　自らの体験を語る「お話の時間」、教員が歴史や神話、物語を語る時間、全員で歌う時間など、「生きた言葉と相互作用による対話」が今もなお児童生徒の学校生活の根幹となっている。また、フレデリクスベア・フリスコーレの７学年の物語の授業においては、１時間近い教員の語りにじっと聴き入る生徒たちや、授業後に教員に質問を投げかける生徒たちの様子から、０学年からの「物語の授業」で培われてきた「声として語られる言葉」に対する集中力と理解力、さらには、そこから独自の世界を描き出す生徒たちの想像力が感じられた授業視察となった。

第 6 章

エフタースコーレにおける
オラリティ

オレラップ・エフタースコーレの入り口にある看板

　本章においては、フリスコーレの中等部10学年にあたる「エフタースコーレ（Efterskole）」について詳しく述べていくことにする。まずは、その特徴について、歴史や教育目的といった項目別に記していくことにする。

1 エフタースコーレの特徴

（1）エフタースコーレの歴史

　1851年、フュン島に最初のエフタースコーレである「リュスリンゲ・エフタースコーレ（Ryslinge Efterskole）」がコルによって設立された。エフタースコーレは14歳から18歳までを対象とした全寮制で学ぶ教育機関であり、当時の教育内容はフォルケホイスコーレのものと同じであった。14歳から18歳までの若者であれば自由に入学ができ、もちろん入学試験や卒業試験も課さなかった。

　寮生活で１年にわたって教員と寝食をともにするという、対話と相互作用を重視した教育内容となっていた。人生において自己を見つめ、生き方を模索する思春期の時期であるからこそ、教員との深い対話と信頼関係が必要であるとコルは考えたのである。初期は若き農民たちの教育補完のために設立され、農民の啓蒙活動としての役割を担っていた。

　以下、エフタースコーレの現在までの経緯と現状については、エフタースコーレ協会のウェブサイト[1]を参考にして、筆者がまとめたものである。

　エフタースコーレは、歴史的文化的にデンマークのフォルケホイスコーレのジュニアスクールと見なされてきた。1879年には現存する最も古い「ガルトロプ・エフタースコーレ・エスタ（Galtrup Efterskole Esta）」が設立されている。1930年、デンマーク議会でエフタースコーレが法律的に認められ、その後2000年まで８回にわたる改正を経て、現在のエフタースコーレに至っている。

　しかし、1960年代頃より経済発展とともに農民が減少していくなか、エフタースコーレは衰退していった。この頃から1967年にかけて、エフタースコーレの教育制度における位置づけが問題視された。その結果、グルントヴィとコル

の教育理念であった無試験と自由カリキュラムが見直されることとなった。

　1967年、最終的にエフタースコーレも、公立学校と同様のナショナルテスト
の準備コースを設置することが可能となった。試験のための教育内容を導入し
たことで、エフタースコーレはノンフォーマル教育としてのフォルケホイスコ
ーレと方向性を異にしたことになる。その後、エフタースコーレは農民学校と
いう性格から、社会に対応する様々な教育内容を提供していく自由学校へと方
向転換を図っていった。

　1908年には、デンマーク国内のエフタースコーレネットワークのためのエフ
タースコーレ協会が設立されている。そして1994年、自治体法の改正と同時に、
デンマーク教育省から地元の教育委員会レベルに様々なエフタースコーレ関連
の意思決定権が移行された。子どもの自立を求める保護者の要望に応え、ユニ
ークな教育内容を提案してきたエフタースコーレは、1975年から2000年にかけ
て学校数が2倍になった。

　その後、1996年、デンマーク議会において国家予算の助成を受けるための条
件が提示され、その結果、国家からの援助が停止されるといったエフタースコ
ーレも出てきた。しかしながら、いかなる条件のもとでも「エフタースコーレ
は自由と独立の学校である」とエフタースコーレ協会は記述している。

　以下、エフタースコーレ協会が明記している内容である。

エフタースコーレの教育目的

　エフタースコーレは自治独立教育機関であり、個人と教育の成長を生徒と
約束する。生徒は共同生活を通じて、一般的教育と民主的市民への啓発教育
を受ける。

エフタースコーレの自由

・教育方法の自由
・教育科目の自由

---

(1)　エフタースコーレ協会（http://www.efterskole.dk/）2016年9月12日最終アクセス。

・政治・宗教の自由

・国家の助成金による自由の保障

教員と生徒の関係

　教員は生徒に対し、教育と学校時間外において監督責任がある。教員は起床から就寝までの責任を負う。これは、教員と生徒が個人的な親密な関係になることを確かなものとする重要な要素である。

試験

　基本的に入学試験はないが、公立と同様、義務教育の卒業資格となるナショナルテストは受験し、終了資格を取得する必要がある。

学校数・生徒数

　デンマーク国内には現在260校以上のエフタースコーレがある。農村部を中心に、地方の町近くにまでまたがっている。生徒総数は28,500人で、各学校の生徒数は25人から500人までの規模となっており、その平均人数は100人となっている。最近の25年間は増加傾向にある。

教育ヴィジョン

　すべてエフタースコーレの教育ヴィジョンとして、グルントヴィの教育理念（Grundtvigs Skolesyn）が掲げられている。各学校の共通点として「朝の歌」と「物語の時間」があるほか、さらに具体的ヴィジョンとして下記の内容が明記されている。

　　・学校生活の意味を知る教育

　　・全体としての人間を目指す教育

　　・言葉の重要性を伝える教育

　　・歴史的、詩的な教育

　　・相互作用のある教育

（2）教育内容

　現在のエフタースコーレは、義務教育段階の8学年と9学年（日本の中学2年と3年にあたる）、10学年の生徒を対象とした1年間、全寮制で学ぶ学校である。フリスコーレのなかには、幼稚部、初等部、さらにこのエフタースコーレを設置している学校もある。義務教育段階の最終段階となる1年間を教員と寝食をともにしながら学ぶという、フォルケホイスコーレの伝統を継承している。

　ほとんどのエフタースコーレは、基礎必修科目として、デンマーク語・英語・ドイツ語（フランス語は選択）・数学・理科（物理・化学・生物）・歴史などを設置しており、義務教育の最終試験に対応できる学習を可能にしている。午前中に基礎科目の学習をし、午後はワークショップ形式で様々なことを学んでいく。

　ワークショップは、各生徒の興味関心によって選択することになっている。最初から決定されたスケジュールがあるわけではなく、共同授業のなかで生徒たちは自己啓発（inspiration）[2]と関連したテーマによって主題を結び付けていく。基礎科目は10人程度のクラスとなっているが、ワークショップは5人程度のクラスとなる。

　ワークショップの内容はエフタースコーレごとに特色があり、各学校のアピール内容にもなっているため非常にバラエティーに富んだものとなっている。2000年には、①グルントヴィ・コル式が16％、②教会系が21％、③音楽・芸術系が12％、④オルタナティヴ派が18％、⑤養護学校系が13％、となっていた。

　かつてはグルントヴィとコルについて学ぶエフタースコーレが9割で、1970年以後は半数になり、現在では、音楽・芸術系とオルタナティヴ派が急増しているというのが特徴である。ウェブサイトを通じて、多くのエフタースコーレの日常を垣間見ることが可能となっている。

　また、エフタースコーレ協会のホームページから、希望に応じてデンマーク

---

(2)　デンマークの教育においては、「inspiration」という言葉が現在でも頻繁に使われる。グルントヴィの著書翻訳では「覚醒」という訳がなされていることが多いが、本論においては「自己啓発」と訳す。

国内のエフタースコーレが検索可能となっている。発達障がいなど、障がいの
ある生徒を対象にしたエフタースコーレもある。さらに、個人の状況を入力す
ると、学費をはじめとした経済的な条件も判断できるようになっている。

2 エフタースコーレの多様化

　コルの時代に設立されたエフタースコーレは、社会変化に対応していくなか
で、その教育内容も多種多様なものとなっていった。デンマーク社会がグロー
バル化していくなかで、国際的な視野に立ったエフタースコーレも増えてきた。
　ユトランド半島北部の町スカルス（skals）にある「スカルス・エフタースコー
レ（Skals efterskole）」[3] は、経済界からの要請で設立されたエフタースコー
レである。現在、128人の生徒が在籍する、国際社会で活躍する人材育成を目
標にしているエフタースコーレである。
　教育内容の目標として、①国際関係についての鋭い洞察力、②言語、異文化
間の関係と ITC の高さのプライオリティー、③高いレベルの知的水準、の3
点を掲げている。海外からの講師陣、ベルリンへの研修のほか、ケンブリッジ
大学を目指すプログラムを導入した教育内容も実施している。
　このような、現代のデンマークの教育事情に対応した教育内容のエフタース

休憩中の生徒たち（オレラップ・エフタースコーレ）

コーレが今後増えていくと考えられ
る。その一方で、生徒数が激減し、
閉校していくエフタースコーレも毎
年出てきている。いずれにしても、
エフタースコーレはグルントヴィ精
神を掲げているという点においては
共通しており、個性的な教育内容で
あったとしても、グルントヴィとコ
ルの「生きた言葉による対話」が学
校生活の中心となっている。

3 特色のあるエフタースコーレの教育内容

エフタースコーレの教育内容について、以下で詳しく述べていくことにする。まずここでは、特色のある教育内容を展開している3校のエフタースコーレを簡単に紹介する。

ヒメルベヤー・エフタースコーレ（Himmelbjergegnens efterskole）

ユトランド半島の中央の都市、リュ（Ry）にある。自然のなかでキャンプやオリエンテーリング、スキー、カヌーなどといった活動が中心となっている。オリエンテーリングなどのインストラクターを目指す学生もいる[4]。

オスタースコウ・エフタースコーレ（Østerskov efterskole）

1980年、ユトランド半島の北にある人口1万人の町オールボ（Ålborg）に創設され、エンターテイメントやデザインをテーマとして教育を模索してきた学校である。約100人の生徒が学んでいるが、ロールプレイによるユニークな教育方法をとっている[5]。

アスコー・エフタースコーレ（Askov efterskole）

ユトランド半島南のヴァイエン（Vejen）市にある。演劇と音楽、映画・テレビの製作をメインとしており、年に一度ミュージカルの海外公演を実施している。ネット上でそのステージを観ることが可能だが、高い質と感性を有するパフォーマンスを創り上げている。

演劇教育の目的は、基本的な表現のスキルを学び、ミュージカルの公演活動を通して、さらにその表現力を意識的に高めることであるとしている。身体や

---

(3) スカルス・エフタースコーレ（http://www.skals-efterskole.dk/）2016年9月12日最終アクセス。

(4) ヒメルベヤー・エフタースコーレ（http://himmelbjergegnens.dk/）2016年9月12日最終アクセス。

(5) オスタースコウ・エフタースコー（http://osterskov.dk/）2016年9月12日最終アクセス。

声の表現トレーニングのワークショップ形式の授業を通して学ぶようになっている[6]。

　これらのエフタースコーレを卒業した生徒たちは、高等教育機関へ進学するほか、職業専門学校でさらに専門性を修得するなど様々である。いずれにしろ、中学生の段階で専門性の高い内容を学んでいることが分かる。

　次に、オレラップ・エフタースコーレを例に挙げて、エフタースコーレにおける教育内容の詳細を記述していく。

4 オレラップ・エフタースコーレの教育内容

　学校名のオレラップ・エフタースコーレの名称の後に、「歌と音楽」という言葉が入っている。音楽が好きな9学年と10年学年の生徒が1年間学ぶ学校である。コペンハーゲンから列車で約1時間半、フュン島のスベンボル駅からバスで10分ぐらいの所にある。海と丘に囲まれた豊かな自然にある寄宿学校である。

オレラップ・エフタースコーレの外観

　現在、9学年が25人、10学年が89人の生徒が生活している。筆者は2016年9月5日に訪問したが、まずは、学校ウェブサイトを参照しながら教育内容を記述していく[7]。

学校の意義

　音楽の喜びは、エフタースコーレの伝統とともにグルントヴィとコルが築き上げた学校環境の中心である。このエネルギーと相互作用のコミュニティーを強化し、コミュニティーに参加する個人の人格と能力を開発することとなっている。

学校の一年

　1年は42週で構成されており、約26週間が通常の授業となっている。授業以外は、様々なテーマ設定によるプロジェクト、ツアーなどといった形態での学習となっている。2012年は、一連のイベントコンサートや、様々なジャンルのアーティストによる講義や指導が企画されていた。学校の音楽シーンはコンサートという形で公開されており、毎年4月～5月、年度開始前に年間の計画が決定されている。

　最初の週は、学校での生活や授業後の生活の紹介などについてプレゼンテーションが行われ、全員の生徒が相互交流できるようにする。担当教員と生徒との交流、選択科目の登録などを行うほか、音楽教員が本年度の音楽活動計画を話すとともに生徒の希望を聞く。

　週末は、帰宅するか学校に滞在するかは自由となっている。エフタースコーレの1年間はすべて学校での1年間となるので、週末も学校では様々な活動計画が予定されている。

　金曜日と月曜日は、週末の延長とされることがある。この場合、歯科医の訪問は中止となる。というのも、デンマークの義務教育段階においては、す

---

(6)　アスコー・エフタースコーレ（http://www.askovefterskole.dk/）2016年9月12日最終アクセス。

(7)　オレラップ・エフタースコーレ（http://www.ollemus.dk/）2016年9月12日最終アクセス。

べての学校に歯科医師が配属されているからである。ちなみに、歯科治療は無料となっている。

特徴

　オレラップ・エフタースコーレは、音楽を通して成長していくことが特徴となっている。下記に、具体的な活動内容を記載しておく。

- ・**音楽**——学校のミュージカルプロジェクトは11月に企画される。生徒はアイデアの提案をし、俳優、音楽担当、舞台スタッフなどの役割を決定したうえ、本番までの過程を進行していく。
- ・**音楽ツアー**——学校コンサートに始まり、地域、海外公演など、観光も含めて実施する。
- ・**新年コンサート**——地元の教会とスヴェンボー教会のいずれかでコンサートを開催する。
- ・**スポーツ大会**——フュン島でのスポーツ大会は３月の木曜に実施されている。音楽とスポーツを組み合わせたイベントとなっており、スポーツも音楽やオーケストラをバックに実施されている。
- ・**CD の制作**——年度末までに、ミュージカルのハイライト版や野外ライブ版の CD を制作する。

毎日の生活

　生徒には、朝食後に行われる「朝の歌の時間」に出席するという義務がある。また、午前と午後の二つのトレーニングタームの間にはリフレッシュタイムがある。夕食後は、各自が課題に取り組む「静かな時間」があるが、これは談話とお茶の時間でもある。就寝時、監督教員の巡回が行われている。

　生徒たちは、７〜８人の連絡グループに分かれている。各グループには教員１名が担当して就き、週に一度は担当教員と面談し、学校生活や個人の様々なことを話し合っている。また、調理や用務など、実用的な仕事をすることも教育内容には含まれている。

クラスとカリキュラムについて

クラスは、26週にわたって行われるリテラシー教育のためのフレームワークとなっており、通常、9学年は1クラス、10学年は4クラスとなっている。リテラシー授業の科目は下記のようになっている。

9学年	デンマーク語・英語・ドイツ語／フランス語・数学・物理・生物・地理・公民・歴史・宗教および科学
10学年	デンマーク語・英語・ドイツ語／フランス語・数学・物理・生物・地理・歴史

年間42週の学習内容のうち、16週はテーマ学習やプロジェクトベースの学習内容となっている。テーマ学習の一つとして「音楽」があるが、個別指導として下記の科目が設定されている。

・ゲーム
・音楽理論
・スタジオ・コンピュータミュージック
・音楽と子ども——保育園・幼稚園・音楽療法士志望コース
・合唱

そのほか、「工芸（クラフト）」では応用美術（伝統工芸を基本に現代工芸へ）が指導されているほか、「スポーツ」や「朗読」がある。「朗読」では、週2回（各45分）のレッスンがあり、歴史・神話・文学・宇宙からテーマを選択し、語り手と聴き手の相互作用が物語時間を構築する科目となっている。

デンマーク語の教育について

デンマーク語の学習は週3日（90分授業）実施されており、生徒の言語および言語概念を広げていくことを目的としている。生徒全員へのインタビュー、パフォーマンス、他生徒とのコミュニケーションなど、文学的な知識開発を目的とした経験を重視している。

口頭および書面に役立つようにするために、様々なツール（辞書・百科事

典・コンピュータ・インターネット・分析モデル）の使用が可能となるように学習している。また、口頭の対話能力を開発するために、個別生徒の思考、感情、態度表現を育成し、協力と相互の尊敬、理解を教えている。9学年から学ぶ場合は、公立学校の10学年への準備も可能となっている。

学生協会によるイベント活動

学生協会の理事会は、代表生徒1名、学年代表、各委員会代表、教員代表2名で組織されている。学生協会法令に基づき、社会における文化・音楽活動イベントを企画したのち、実行プランを立案している。例えば、2012年については、下記のようなイベントが学生協会の企画・主催のもと開催されている。

合唱祭のチラシ

イベントスケジュール（2012年）

4月	オーフス（Aarhus）のルカ教会でコンサート
5月	合唱祭で卒業生との合唱練習
	（オレラップ・エフタースコーレ祭に向けて）
	聖パウロ教会でコンサート
	スヴェンボー聖母教会でコンサート
6月	オレラップ・エフタースコーレ祭でカフェパーティー
7月・8月	オレラップ音楽集会と朗読集会
10月	卒業生の週末交流

5 オレラップ・エフタースコーレを視察

　2016年9月5日、オレラップ・エフタースコーレの学校視察と教員へのインタビューを実施した。副校長であるポール・キール・ステノム（Poul Kiel Stenum）先生が対応してくれた。

Q　これまでの経歴について教えてください。

A　21歳からエフタースコーレの教員をしてきました。最初の2年間は教員資格なしで教えていましたが、その後、公立の教員養成学校で資格を取得しました。専門は体育です。

Q　オレラップ・エフタースコーレの1年間でどのようなことを学んでいくのですか？

A　オレラップ・エフタースコーレでは、三つのプロジェクトに挑戦しています。一つは、すべてを生徒たちで取り組む創作ミュージカル、二つ目がデンマークについての詩を創作し、作曲します。そして三つ目が最も重要なプロジェクトとなります。1年後の自分の進路を考える、これから何をしたいのか、どのように生きていきたいのか、つまり人生に向かってのプロジェクトです。

　音楽が好きな生徒たちが集まってきますが、特に力を入れているのが合唱です。卒業生もともに練習し、1年にデンマーク国内で6回、ドイツで1週間の合唱ステージをもっています。

Q　スカルス・エフタースコーレでは、ケンブリッジ大学に入学する

ポール・キール・ステノム副校長

歌のレッスンを受ける生徒

ための学習プログラムがあるということですが、これはグルントヴィの教育
理念に沿ったものと考えていますか？

A　エフタースコーレは、生徒たちがより深く学びたいと希望するものをプロ
　グラム化し、学びの過程で自分を見つめていく1年間を保障する所です。音
　楽も、スポーツも、進学のための学習も、みな同じです。そういう意味では、
　グルントヴィの教育理念の沿った内容だと考えます。

Q　生徒一人の負担費用はどのくらいですか？

A　デンマークでは、すべての子どもたちが18歳になるまで、子ども手当が支
　給されます。金額は親の収入や様々な条件によって異なります。18歳から教
　育機関で学ぶ生徒には、「SU」[8]という返還不要の奨学金が支給されていま
　す。現在、エフタースコーレでは、子ども手当分を引いて、生徒一人当たり
　月額5,800クローネ（約9万円）くらいの負担となります。食事、部屋代、
　授業料すべてを含んだ金額です。

Q　入学基準はどのようになっていますか？

A　入学試験も基準もありません。希望者の先着順です。ただし、男女の人数
　比だけは考慮しています。

トランペットを練習する生徒

掃除当番の男子生徒たち

(8)　SU は Statens Uddannelsesstøtte の略であり、いわゆる奨学金制度のことである。デンマ
　　ークでは、教育機関で学ぶ18歳以上の学生を対象とした給付型奨学金制度がある。自宅
　　通学か自立生活など、様々な条件によって金額は異なる。（http://www.su.dk/su/）

ピアノのレッスンを受ける生徒

Q　入学者のなかで、退学するような生徒はいるのですか？

A　残念ながら、今年も新学期が始まったばかりですが、すでに2名の生徒が家に戻りました。集団生活にどうしても適応できない生徒もいますので、無理はさせないようにしています。

Q　15歳、16歳において、共同生活をする意味は何でしょうか？

A　生活のための教養を身に着けることです。朝の会も、毎回の食事の時も、グループごとに座り、担当教員が1名付きます。まるで家族のように1年間を過ごしていきます。したがって、エフタースコーレでは教員の高い人間性が求められます。最も大切なことは、教員としてではなく、一人の人間として生徒に接するということです。そうすれば、必ず生徒が応えてくれます。

Q　エフタースコーレの経験者とそうでない生徒は、その後に何か違いはありますか？

A　進学する高校の先生方から、「エフタースコーレ出身の生徒はすぐに分かる」とよく言われます。何事にも非常にオープンで、自分と異なる考えや意見の生徒とも対話を進んでしていくという協調性、社会性に優れていると言われています。

　　エフタースコーレで過ごす1年間は、人間の7年間の成長に相当すると言

っても過言ではありません。ただ、最近はネットや SNS によって対話の時間が失われつつあり、対応も必要になってきています。本学でも、食事の時間はスマートフォンを禁止し、夜は学内の WiFi を切るといった対応をしています。

　インタビュー終了後、学内を案内していただいた。各教室での音楽の授業は基本的には個人レッスンとなっている。教員と対話しながら、自分の挑戦したい楽器などの指導を受けるという授業の様子は、音楽のレッスンを通して自分と向き合う貴重な経験になると考えられる。音楽の専門家を全員が目指しているわけではなく、あくまでも自分という人間を発見していく機会であるということである。

　滞在中、生徒たちの弾けるような笑顔と大きな声の挨拶に圧倒されていた。8 月中旬に入学し、まだ 1 か月も経過していないにもかかわらず、エフタースコーレの生活を全員が楽しんでいることが伝わってきた。

6　エフタースコーレにおけるオラリティ教育

　エフタースコーレの教育内容を考察してみると、1 年間という短期間の教育期間でありながら、共同生活を通じて自己と集団を見つめるという学習内容が非常に工夫されていることが分かる。

　7 ～ 8 人の生徒グループに教員 1 名が担当として就き、週に一度は担当教員と学校生活や個人の様々なことについて話し合っている。生徒との対話を通して、生徒自身が自分を見つめていく契機となっていると考えられる。また、歌や物語の朗読といった「声」を使った表現によって、自己と他者をつなぐ活動が多く取り入れられていることも分かった。

　グルントヴィの時代に設立されたフォルケホイスコーレの基本理念が、まさに現在のエフタースコーレに継承されていると言えるであろう。義務教育終了段階において問題を抱えたまま先に進むのではなく、1 年間、学友や教員とと

もに寮生活を送ることによって問題と向き合い、乗り越えていくことが可能になると考えられる。思春期という人生の重要な時期に、根源的な心の問題をエフタースコーレで見つめ直す期間が与えられることにより、生徒自らが大きく変わる契機となり得る。

　教員や学友との関係が濃密なものになるため、個人の内部に入り込んだ対話も可能になると考えられる。また、個々の生徒の個性や特技を発揮できるワークショップが選択できるエフタースコーレにおいては、自己受容と自己成長のための空間と時間が保障されていると言えるだろう。

　デンマーク社会の変化のなかで、常に次世代に必要なことは何か、若者たちが何を求め、生きることに意味を見いだすために何を経験し、学ぶべきかを模索してきたのが、デンマークのエフタースコーレの歴史であったと言える。国際競争という避けることができない問題を前にしてもなお、エフタースコーレの理念が貫かれ、今日まで継承されていることが分かる。

　エフタースコーレの理念を支えてきたのは、ほかならぬ現場の教員たちである。その教育内容からも、教員たちは高い教育力と資質、さらに専門的な知識を備えていなければ生徒に対応できないと考えられる。そんな教師を志望する生徒の多くが、のちに教員養成校のフリレイアスコーレで学ぶことになる。

　次章では、グルントヴィとコルの教育思想を継承している教員養成学校であるフリレイアスコーレについて述べていく。さらに、2010年に実施した、フリレイアスコーレへの視察、およびインタビューの結果についても記載していく。

第 7 章 フリレイアスコーレ (Den Frie Lærerskole) におけるオラリティ

伝統的な雰囲気のなかでの講義の様子（現在のフリレイアスコーレ）

　フリスコーレやエフタースコーレの教員を目指す学生が学んでいるのが、フュン島南部のオレロップ（Ollerup）にあるフリレイアスコーレである。日本では「自由教員養成大学」と邦訳されていることが多い。1948年、フォルケホイスコーレ運動のなかで創設された民間の学校である。公立の教員養成学校と同額の財政補助を受けているが、運営、カリキュラムはすべて学校が独自に決定・実施している。

　学校生活は基本的には寄宿舎生活となっており、教員と学生が寝食をともにしている。在校生は、2012年現在で約250人となっており、少人数制となっている。卒業後には、義務教育段階の教員、エフタースコーレ、フォルケホイスコーレの教員となることができる。資格についてはのちに詳述する。

1 フリレイアスコーレの教育内容

　フリレイアスコーレは、第5章、第6章において記したフリスコーレ、エフタースコーレと同じく、グルントヴィとコルの教育理念を継承している学校である。以下に挙げた教育内容などの記述は、フリレイアスコーレのウェブサイト[1]やパンフット[2]の内容を参考にして筆者がまとめたものである。

教員養成の目的

　現在社会においては、子どもや若者はかけがえのない個性的な命である。教員は、先生という意識より、社会のなかの個性を育てていくという意識と視点が必要であり、非常に強力なプロフェッショナリズムの意識構築が必要である。

　また、実践的指導の経験と研ぎ澄まされた社会的スキルをもつ必要があり、民主主義という形式における原動力によって、知識と推論に絶えず挑戦していく。それらの活動のなかで、教員の包括的なアイデンティティを構築していくことが目的となる。

社会的な意義

卒業後、コミュニティーの日常生活にとって、この学校での体験は非常に重要となる。卒業後、積極的に社会貢献をする学生になることが期待される。

フリレイアスコーレの教員養成においては、単に個人的な問題、個人的なプロジェクトではなく、他者とともに行うこと、つまり協働の意識をもつことができる。卒業後も、教師として、人間として、さらに挑戦することで地域のコミュニティーをつくり上げていく人材となり得る。

自己啓発

すべての人間は、神のイメージでつくられた唯一無二の存在である。自己の意識を高めるための能力をもち、誕生から死まで様々な選択をしながら現在と未来に生きていく。

自己は自分だけでは理解できない存在であり、生きている集団のなかにある鏡によって映し出される。個人とコミュニティーの関係のなかでしか、自己を見いだすことはできない。相互に自身を映す鏡になるべきである。自己を他者から閉ざしてしまえば、自己自身を見いだすことができない。その教育ヴィジョン[3]は、以下のようになっている。

①**学校教育生活の意味を知る教育**——今だけの教育ではなく、今の教育が自分の人生にどんな意味があるのか、自分が生きていることの意味を見いだしていく教育が必要である。

②**全体としての人間を目指す教育**——シラバスに沿っただけの試験中心の教育ではなく、想像力や感情を重視し、身体と精神の両側面に重きを置く教育が重要である。

③**言葉の重みのある教育**——学校生活における対話に最大限の時間と領域を確保することを意味する。

---

(1) フリレイアスコーレ（http://www.dfl-ollerup.dk/）2016年9月12日最終アクセス。

(2) デン・フリレイアースコーレ（Den frie Lærerskole）学校案内パンフレット「Welcome to The Independent Academy for Free School Teaching」Den frie Lærerskole, 2011.

(3) フリスコーレ、エフタースコーレなどのグルントヴィ系の学校においては、共通したグルントヴィ教育理念に沿った教育ヴィジョンが掲げられている。

④**歴史的詩的な教育**——自己の人生における夢や願望を見いだすために、神話や詩は大きな役割をもっている。また、自分がコミュニティーの一員であることを教えてくれる。

⑤**相互作用のある教育**——教師と学生が、学生と学生が、お互いに等しく学び合うことが相互作用であり、それがグルントヴィとコルの教育理念の中心となっている考えである。

養成期間とカリキュラム

養成機関は5年間となっており、4年間で必修科目・ワークショップ科目を修得し、1年間は実習となる（公立の教員養成期間は4年間）。

4年間で修得する学科およびワークショップ科目は340時間の受講で修了する。そのほか、1・2学年に3週間の実習があるほか、3学年には1年間実習がある。共通する基礎科目は、デンマーク語、英語、芸術、歴史、工芸、数学、音楽、科学、宗教、ドイツ語、生物／化学となっている。

そのほか、「必修」となっている選択科目（各67時間）があるが、その内容は以下のようになっている。

コミュニティー

テーマ1「民主主義と市民と世界」——民主主義の社会・権利と義務・理想の民主主義のプレゼンテーション。

テーマ2「歴史と人々」——ナショナルアイデンテイティ・多文化理解と未来・ヨーロッパにおけるデンマークなど。

バランス

テーマ1「自然の人間」——自然との対話・自然科学と未来・グルントヴィの認識論など。

テーマ2「身体と健康」——健康理論と実践概念・教師としての健康保持・食事と運動など。

イデア

テーマ1「倫理と人間性」——宗教と非宗教・子どもの悲しみ・教師の職業倫理など。

テーマ2「実証と哲学」——認識論・哲学・科学と宗教・子どもの哲学など。

言語

テーマ1「アイデンティティと言語」

テーマ2「言語と思考・標準語と方言・言語認識」

テーマ3「言語表現（ライティング・スピーチ・身体言語）」

テーマ4「言語とメディア・言語心理・言語の創造・レトリック」

テーマ5「討論と論議の言語」

これら以外に **オプショナルテーマ** として、基本医学・性教育・野外教育・ITC・ライティング・哲学・市民教育などを学んでいる。

一方、「専門職」の科目は以下のようになっている。

コラボレーションとコミュニケーション

教員研修の第一段階として、教員の協働のためのコミュニケーションづくりをワークショップ形式で学ぶ。下記が学生に提示された課題および目的である。

・協働のために必要なコミュニケーションの方法や具体的な言動について理解し、問題解決の方法を考案する。

・対話を通じて、意見や態度を正しい方向に修正していく能力を身に着ける。

・対話を通じて問題解決をしていこうとする意識は、協働のプロセスにおける様々な問題の状況を変化させることができるということを学ぶ。

・自己の言語について、より明確な意識を得るため、自己学習のプロセスを振り返り、問題を自己管理していく。

・自己省察を通して、自己へのフィードバックの機会をつくる。

学習内容においては「対立」をテーマとしたものになっている。自分と異なる考えや意見との相互理解のための対話をどのように展開すべきなのかについて、アクティブリスニング、対立問題の分析方法、建設的意見のサポート方法、グループ協働実践のプロセスなどの学習を通して具体的に学んでいく。

教育学・心理学・教育法（PPD）

1・2学年に194時間設定されているほか、3学年の実習後の対応科目として86時間設定されている。その目的は以下のようになっている。

- 教育哲学、思想史、教育、教育社会学、教育政策の歴史、そしてフリスコーレの歴史と法的枠組みについての学習。
- 心理的な問題について、関連する理論や概念とメソッドを研究。
- 分析、評価、教育理論と原則。そして、教材の選択についての討論。
- 学習と授業過程における評価、児童生徒の積極的参加のための民主主義的学習プロセスの研究。
- 保護者、同僚に対するリーダーシップ理論の学習。
- 他者の知覚や認識を受容する能力、生活文化や慣習の異なる条件下での受容能力の開発。
- 民主主義と21世紀グロバリゼーションについての解釈研究など。

物語

物語は、フリスコーレの教育の中心として長い伝統がある。クリステン・コルは、教育における物語の重要性を定着させた。子どもや青年教育、成人教育において、物語は相互作用を通じてアイデンティティ形成に大きな役割をもっている。具体的な内容は以下のようになっている。

- 口頭の物語には無数の形態がある。逸話や古典的なジャンル、神話、伝説、文学などについての基礎知識を習得する。
- 学生の声、顔の表情、ジェスチャー、身体言語など、物語の有機的な一部として使用する意識を構築する必要がある。

・個々の学生が一人で即興物語を語ることに慣れ、実践できるようにする。

・楽器を取り入れての物語など、様々なジャンル・フィクション・ノンフィクションから物語を選択し、グループで取り組んでいく。

これら以外に ワークショップメインコース があり、その内容は「ドラマコース」「メディアコース」「アウトドアライフコース」に分かれている。

評価

1949年以来、試験は一切課していない。教師として自己を開発するということが最高の評価である。評価の方法として、学校外の第三者が学生の論文を評価をするという方法をとっている。教員資格として、卒業証書・研究評価成績・論文の専門家評価・教育心理学教員による学生の民主主義と学生生活についての意見評価、といった内容が必要となる。最終的な学生評価の観点は下記のように示されている。

・洞察力（サブジェクト領域、方法、理論と討議の整合性）

・知識（事実、問題、専門について）

・スキル（関連する芸術表現の整合性）

・自己省察力（実習計画と実践）

・応用力（コースの学習コンテキスト）

・職業的アイデンティティ

学生の評価については、上記の内容だけでなく、コースの目標に関連して評価される。教員の意見書は固定したテンプレートとしてあるのではなく、全体評価の一つとなっている。意見書の評価は、「平均」「平均以上」「平均以下」というパフォーマンス評価となっている。

フリレイアスコーレでは、大学との協力で教育資格の選択が可能となっており、上級学校での教員養成への道が開けているほか、現職者の教育研修としての短期コースも設定されている。

　以上、オレラップ・フリレイアスコーレの教育内容の概要（一部）を記述してきたが、オラリティという視点から注目すべきは専門科目と評価方法である。専門科目の「物語」については、グルントヴィとコルの理念が伝統的に継承されている。また、「コラボレーションとコミュニケーション」においては、グルントヴィとコルの「生きた言葉と相互作用による対話」という理念が、現代教育の文脈に再生していく学習コンテンツとして具体化されていることが分かる。

　一方、評価方法については、試験ではなく、グルントヴィの原点である個人の啓蒙、個々の人間の自己啓発が教育の目的であるとし、独自性のある評価方法が開発されていることが分かる。

　フリスコーレ、フリレイアスコーレの教育内容からは、外側からの要請で教育内容が決定されるのではなく、揺るぎない理念と理想によって教育内容が決定されるべきであるという、教育の明確な主張を読み取ることができる。

　次に、フリレイアスコーレを視察した際に行ったインタビューの内容を記述していく。

2　フリレイアスコーレの視察とインタビュー

　2011年8月11日の11時〜15時にかけて、視察とインタビューを行った。

　午前11時に到着すると、学生が校内を案内してくれた。かつての学生たちが手造りした校舎も残っており、歴史を感じさせる学舎である。

　案内をしてもらったあと、11時50分から12時30分まで学生へのインタビューを敢行している。12時半、学校全体での昼食に同席させていただき、13時30分から15時まで、オーレ・ペーダーソン（Ole Pedersen）校長先生に対して質疑応答を行った。

　視察対象は、施設、授業（講義形式）、演劇ワークショップ、聖歌制作（言葉と曲づくり）、そしてランチタイムの体験である。

学校の入り口

　視察中、校内のどこで出会っても学生たちが笑顔で挨拶をしてくれた。その姿や積極的に話しかけてくる様子から、日常的に会話による関係性を重視していることが伝わってきた。また、のちに記すランチタイムでの賑やかな様子と、ミーティングが始まった時の静かな様子という大きな変化から、人の声に対する高い集中力と敬意を個々の学生が有していることが分かった。

校舎の外観

　一つの講座のみ教室での様子を見学したが、リラックスした姿勢でありながらも教員の語りへの集中力は非常に高かった。教員も学生たちによく語りかけており、小規模校でしか実現できない講義の様相であった。

　まずは、学生へのインタビューの様子から紹介していく。

（1）学生へのインタビュー

　インタビューの対象者は、施設内を案内してくれた5年生になるマチル・ボン・ブロベア・ヨヤンセン（Mathilde Bonde Broberg Johansen）さんである。笑顔が素晴らしい女性である。ご本人の自己紹介からお願いした。

Q　まずは、自己紹介をお願いします。

A　現在、私は5年生となり、最終学年生です。3年間公立の教員養成学校で学んでから、この学校の4年生に編入しました。最初の養成校の教員も素晴らしく、充実した勉強をしてきましたが、正直なところ何かが違っていました。教育というものは、教えることだけでなく、子どもに安心感を与えるということが大切だと思っていましたし、そのことをもっと重視した教員養成プログラムを私は必要としていたのです。

Q　公立学校の教員を希望する学生はいますか？

A　ここで学ぶ学生は、フリスコーレの教員に対する意識が高いです。特にエフタースコーレ教員の希望者が多いです。10学年（15歳）という難しい思春期の子どもたちにかかわっていく意義をみんな理解

インタビューに答えてくれたマチルさん

学生寮

しています。学生の自治意識を育てていくという理想を抱いています。

Q　教科指導の学習はどのようなものですか？

A　学習目標に沿って学んでいくのですが、その達成方法や時間の使い方は学生が自由に決定しています。

Q　授業内容はどのようになっていますか？

A　まず、教科内容をしっかりと理解します。そのうえで、それを子どもたちに教授するにはどんな方法がいいのかという教授法メソッドを考えていきます。

　　クラス授業がメインですが、個々の意思を伝える機会があり、あくまでも民主主義的な方法で決定していきます。例えば、美術の授業を例に挙げれば、まず美術の基本スキルを学び、その教授法をディスカッションしながら各自が考案していくという方法です。

Q　実習について教えてください。

A　1・2年生は各3週間ずつあります。3年生に、産休をとっている教員の代わりなどで、教員と同様のことをする実習に入ります。正規教員の半額くらいですが、給与も出ます。

　　3年生の11月に中間報告をし、実習担当の教員がシェアパートナーとして

図書室の中の様子

　支えていきます。セミナーで実習の内容を検討していき、後半に向けてさら
に準備をします。そして、４年生に、前年度に行った実習の振り返りを行い
ます。長期間の実習は、理論と実践の相互作用において大きな効果がありま
す。

Q　公立学校の教員はできるのですか？

A　コミューン（自治体）によります。初等教育のフリスコーレも可能ですが、
　この学校の学生たちは、先にも述べたように、思春期の子どもたちの教育に
　かかわりたいという思いが強いです。

Q　ちなみに、保育の養成期間はどのくらいになっているのですか？

A　基本的には、保育の養成校は３年半で、実習は15か月間あります。

Q　フリレイアスコーレで学んでみていかがですか？

A　デンマークでは、教育の方向性として、最近は教科学習を重視する傾向が
　あります。その結果、テストを重視する傾向になりつつあります。そうでは
　なく、人間重視が教育だと私たちは考えています。子どもたちが社会に出て
　から社会とどのようにかかわっていけるのかを、バランスよく育てていくこ
　とが教育だと考えています。どんな子どもたちにも対応できる場、それが学
　校であるはずです。このフリレイアスコーレに入学して大変満足しています。

Q　学費の自己負担はありますか？

A　ありますが、経済的には安心な生活となっています。昼・夜の食事代を含めて授業料は月額3,000クローネ[4]ですが、奨学金（SU）[5]で賄えています。

Q　入学試験はありますか？

A　ペーパーテストはありません。毎年、50名ほどが募集されます。出願し、面接で合否が決まります。

　公立の教員養成学校から編入してきただけあって、マチルさんが非常に高い意識をもってフリレイアスコーレで学んでいることが伝わってきた。また、子どもの成長にとって何か大切であるかをしっかりと理解していることも分かった。特に思春期の子どもにかかわりたいということであったが、エフタースコーレの1年間、このような教員と毎日対話をしていけば、悩みのある生徒たちも変わっていけるのではないかと実感したインタビューであった。

　インタビューの終了後、予定通り学生たちとともにランチをとることになった。その様子などを次に紹介する。

ランチタイムの様子

---

(4)　約46,200円。1クローネ15.4円（2012年12月当時）。
(5)　SUについては、119ページ註(8)を参照。

（2）ランチタイムの様子

　食事をともにするというのは、デンマークでは大切な習慣となっている。フリレイアスコーレでは、食堂にて昼食も夕食も全員参加でとっている。通学している学生もいるのだが、夕食を一緒にとってから帰宅しているという。

　ヴァイキング形式の食事内容はオーガニック中心となっており、多宗教（主義）に対応できる多彩な内容となっている。各テーブルとも、学生たちの会話で賑やかである。一人で食べるという学生は皆無である。見知らぬ訪問者である筆者たちに対しても必ずアイコンタクトがあり、笑顔が向けられる。

　食事の後半、一人の学生が立ち上がって話し始めると、全員が口を閉じて静かになった。食事のあとは毎日、全員ミーティングがあるという。司会の学生はいるが、次々と学生たちが挙手をして全員に語りかけている。声に躍動感があり、聴いている学生たちの集中力も高い。教員も挙手をし、学生と同じように発言していった。その内容は、様々な自主的活動の勧誘をはじめとして事務的な連絡であったが、時には自己 PR もあるとのことであった。

ランチタイムミーティングの様子

（3）校長先生へのインタビュー

　ランチ後、校長先生へのインタビューを行った。オーレ・ペーダーソンさんは、スポーティーで話しやすい雰囲気の校長先生である。

オーレ・ペーダーソン校長

Q　フリレイアスコーレの教育基本内容について教えてください。

A　ここでの教育内容の基本は、デンマークの教育に共通する教育内容に沿ったものとなっています。学習内容の基本は、宗教・言語・歴史・自然科学の４領域です。デンマークにおける古くからの考え方に由来しています。

　　また、教科書から学ぶのではなく、現実から学んでいくことに重きを置いた教育となっています。この考えは、150年前から伝統的にデンマークで継承されているものです。

Q　教員と子どもとのコミュニケーションについて、どのようにお考えですか？

A　答えをもっている、あるいは解決策ももっている教員が一方的に子どもに伝えていくという関係ではなく、答えをもっている教員と子どもは同等の立場であると考えています。

　　一つの答えではなく、個々の子どもに沿った複数の対応をし、問題を解決していくなかで創造に転化していくことが大切です。問題の解決において、単に一つの答えを教えるのではなく、差異を認めて受け入れていくなかで、新たな創造が生まれると考えているわけです。その創造がコミュニケーションのうえで重要なことです。

　　この転換は、1800年代に生まれた相互作用という考え方です。送信から受

設立当初の学舎と学生たち

信という一方的なコミュニケーションではなく、会話を続けていくためのディスカッションが重要なのです。会話は、ストップさせることも、継続させることもできます。両者の選択が可能なのです。ただ、継続させることによって、そこに相互理解が生まれます。つまり、対話というなかで相互理解が可能となるのです。教育は「Teaching」ではなく「Meeting」であるという考え方が大切です。

　授業でもロールプレイ法をよく使っていますが、常に、どう感じたか、どう思ったかを語り合うことを重要視しています。

Q　「物語」という授業がありますが、その意義について教えてください。

A　単にお話しをする、聴くということではなく、物語は両者の関係づくりを内包しています。物語的に、詩的に語っていくことが重要なのです。

　例えば、「愛とは」というテーマが出された場合、辞書的な定義では何も生まれません。言葉としての意味、語句の説明はできますが、それで終わってしまいます。しかし、「愛」をストーリーとして語っていくと、聴く側のそれぞれの理解が可能となります。ファンタジーとして自由に語ることによって、それぞれの物語に、それぞれの人間の感性や生き方が込められていくのです。

　これが「生きた言葉」なのです。辞書が語るのではなく、それぞれの生き

ている人間を通じて語られる言葉が「生きた言葉」です。物語によって語られることにより、「愛」は単に辞書的な意味での「愛」ではなくなり、「私にとっての愛」となります。

Q　グルントヴィの教育思想はデンマークの学校に影響していますか？

A　グルントヴィの考えは、フリスコーレだけでなく公立学校にも取り入れられています。グルントヴィの考えは、150年前の民主主義が出発となっています。デンマーク社会全体において共通する理解です。多数派は少数派の声をどのように聞いていくのか、どのように向き合っていくのか、またどのように反映させるのかが民主主義の基本です。

　政治的・教育的デモクラティを学校で子どもたちに伝えていくことは、デンマーク社会の将来にとって非常に大切なことなのです。それだけに、グルントヴィの思想は、それ以前のキェルケゴールの思想などに大きく影響されています。

Q　卒業した学生は、公立学校の教員になれますか？

A　資格としては、フリスコーレ、エフタースコーレ、フォルケホイスコーレの教員になれます。教員試験のような資格免許は出していませんが、能力は高く評価されています。公立の教員養成学校での教員養成期間よりも１年長い履修期間となっています。

　卒業生はグルントヴィ思想の教育者となり、デンマークフリスコーレ協会に所属します。特別な存在としてフリスコーレがあるということが、デンマークの教育のなかでは大きな意味をもっています。

Q　フリスコーレと公立学校の教員の社会的な立場の違い何ですか？

A　特に、エフタースコーレで力が認められています。公立の教育養成学校では「職業博士」という資格がありますが、ここではありません。

Q　日本の教育現状からすると、非常に理想的な教育がデンマークでは実現していると感じます。なぜ、実現できていると思われますか？

A　デンマークでは、長年にわたって、いつの時代も大人たちが努力してきました。子どもたちのために、話し合い、討論し、ずっと努力してきました。その成果である、というだけです。

「デンマークでは長年にわたり、大人たちが子どもたちのために話し合い、討論し、ずっと努力してきました」という言葉は、深い示唆を与えるものである。そこには、デンマークの教育を支えてきたのは国民一人ひとりであるという、誇りと自信が込められていると言えるであろう。

　いずれにしろ、二人へのインタビューから、共通となっている教育理念が明らかになったと言える。学生も校長も、子どもと教員は同等で対話していく関係であるべきだと答えている。もちろん、指導という観点が大前提としてあるのだが、子どもの言葉に向き合う姿勢については、養成校のなかにおいて明確なコンセプトとなっていることが分かる。

　また、様々な差異を認めて受け入れていくなかで新たな創造が生まれ、その創造がコミュニケーションのうえで重要だと考えていることが分かる。「教育は『Teaching』ではなく『Meeting』である」という言葉から、教育現場における対話や話し合いが重要視されていることも再確認できた。

　物語を語ることの意味を、「それぞれの人間の感性や生き方が込められている」とし、これが「生きた言葉」だと答えている。「辞書が語るのではなく、それぞれの生きている人間を通じて語られる言葉が生きた言葉」と言う校長の言葉は、グルントヴィの言葉そのものである。

　インタビューを通して、グルントヴィとコルの「生きた言葉と相互作用による対話」理念が、今日のデンマークの教員養成にも継承されている事実が明らかになった。さらに、自由教員養成学校であるフリレイアスコーレにおけるオラリティの諸相を通じ、グルントヴィとコルの教育理念の真髄となるべきオラリティ重視の教育理念が継承され、実践されていることも明らかになった。

公立学校への影響

外の森で遊ぶウタスレウ・フォルケスコーレの子どもたち

　第6章においては、私立学校のなかでも特にグルントヴィの教育理念を継承してきたフリスコーレにおけるオラリティの諸相について述べてきた。さらに第7章において、グルントヴィ系の教員養成学校であるフリレイアスコーレの教育内容をオラリティの視点から考察した。

　フリレイアスコーレの校長が、インタビューにおいて、グルントヴィの教育思想の根幹となっている「生きた言葉と相互作用による対話」の理念はデンマークの公立学校にも影響を与えてきた、と述べていることは注目に値すべきことである。

　本章においては、フリスコーレで継承されてきたオラリティ教育が、現在のデンマークにおける公立学校の教育にどのような影響を及ぼしているのかを、義務教育段階における教育内容を通して明らかにしていく。さらに、公立の義務教育段階の教育機関であるフォルケスコーレ（Folkeskole）での視察を通して、具体的な教育の様相を考察していく。

　第4章においても公立学校であるフォルケスコーレについて述べているが、本章においては、オラリティという視点でフォルケスコーレの教育内容を考察していくことにする。なお、フォルケスコーレは「国民学校」あるいは「基礎学校」と邦訳されることが多いが、日本の教育の文脈では理解しにくい側面もあることから、本著では「フォルケスコーレ」とそのまま表記する。ただし、各学校名には「Skole」とのみ表記されているので、簡略化して「スコーレ」と表記することとする。

1 フォルケスコーレの目的

　フォルケスコーレとは、初等教育と前期中等教育を統合した教育機関のことである。フォルケスコーレの目的は下記のように記述されている。

- フォルケスコーレは、保護者との協力のもとに児童生徒が知識、技能、労働の方法、自己の表現方法を獲得することを促し、個々の児童生徒の全面発達に寄与する。

- フォルケスコーレは、児童生徒が自己の可能性についての自信と、個人の行動を取るための独立した判断力を形成する経験をしていくために、想像力と学習意欲を発達させるような経験や学習に没頭する機会をつくり出すように努力する。

- フォルケスコーレは、児童生徒がデンマークの文化について習熟し、他文化や他者、あるいは自然との相互作用を理解することで社会に貢献できるようにする。また、児童生徒に自由と民主主義に基づく社会への積極的な参加、協働の責任、権利と義務の準備をさせるものとする。そのために、フォルケスコーレでの教育と日常生活は、知的な自由と平等、民主主義に基づいていなければならない[1]。

　第 6 章で述べたフリスコーレの目的と比較すると、その大きな差異はグルントヴィとコルの教育理念についての記載がないということである。しかしながら、公立学校の教員たちとの会話においては、グルントヴィの名前こそ出てこなかったが、教育における「話すこと」や「対話」に対する高い意識はうかがわれた[2]。

　公立学校において、グルントヴィの教育理念がどのように継承されているのかについて、「ウタスレウ・スコーレ（Utterslev Skole）」と「ヴァレンスベック・スコーレ（Vallensbæk Skole）」という 2 校への視察を通して考察していくことにする。以下、学校名はフォルケスコーレを略して「スコーレ」と表記する。

　なお、デンマークの義務教育段階においては児童と生徒の区別なく、「生徒たち（elever）」という名称が使用されることが多いが、本著においては、初等教育（小学校）に対応する児童と前期中等教育（中学校）における生徒を学年に対応させて、区別して表記することにする。

---

(1)　フォルケスコーレ法　（https://www.retsinformation.dk/Forms/R0710.aspx?id=133039#K12.）2016年 9 月 2 日最終アクセス。

(2)　筆者は、2013年 8 月、2014年 3 月・8 月、2015年 3 月に、デンマークの公立学校 2 校を継続して視察訪問している。インタビュー以外の何気ない会話にも、教員同士の対話や生徒との対話や生活に生きる言葉の重要性を語っていた。年齢が上の教員については、グルントヴィについて語る教員もいた。一部を189ページに掲載。

2 ウタスレウ・スコーレを視察

（1） ウタスレウ・スコーレの基本情報

　この公立学校は、デンマークのコペンハーゲン市の北西部に位置している。学区の特徴として挙げられるのは、移民の子どもたちが多く、家庭内で使う日常語がデンマーク語以外の子どもたちが各クラスとも4割程度在籍しているとのことである。25年前に設立された学校であり、持続可能と柔軟性をテーマとした学校環境が設計されている。

　コペンハーゲン市内には、現在、四つのテーマプロジェクト（芸術・数学・身体・自然）の指定学校があり、各テーマに沿って教育実践を進められている。ウタスレウ・スコーレは自然をテーマとした教育プログラムを推進している公立学校である[3]。2013年に訪れた時の生徒数は551人となっており、53人の教員と授業以外の教育関係者33人、そして管理関係スタッフの15人が運営にあたっている。各クラスの児童生徒の平均数は表8－1の通りである。

表8－1　児童生徒の平均人数[4]

0年～2年	26.3人
3年～6年	27.1人
7年～9年	20.8人

時間割

　ウタスレウ・スコーレでは事前に決められた時間割はなく、毎週、各学年の教員によるミーティングで次週の時間割が決定されている。学年ごとに一定期間におけるテーマが設定され、そのテーマについて各教科からアプローチをしていくという、総合学習的なカリキュラムが展開されている。

　基本的には、デンマークの公立および私立の学校は、事前に組み立てた時間割に沿った授業を実施しているのだが、ここウタスレウ・スコーレは、デンマーク国内においても実験的な教育実践に取り組んでいる学校であると言える。

ウタスレウ・スコーレの外観

中庭の池で遊ぶ児童たち

外庭で遊ぶ児童たち

(3)　ウタスレウ・スコーレ（http://www.utterslevskole.kk.dk）2014年 2 月 1 日最終アクセス。
(4)　デンマーク教育省は、義務教育段階の 1 クラス生徒数上限を28人としている。（http://
　　eng.uvm.dk/Education/Primary-and-Lower-Secondary-Education/The-Folkeskole/Classes-and-
　　Class-Teacher）2014年 3 月 4 日最終アクセス。

０学年〜３学年の「朝の会」の様子　　　　お話に集中する児童たちの様子

朝の会について

　朝の会は、毎日８時15分から実施されている。０〜３学年、４〜６学年、７〜９学年ごとの、集会形式となっている。第５章でフレデリクスベヤ・フリスコーレでの朝の会の様子を紹介したが、元々はクリステン・コルの考案したフォルケホイスコーレ[(5)]での学校生活が基盤となっていると考えられる。

　さらに、教会が地域の中心となってきたという歴史があるデンマークにおいては、全員で集い、話を聴き、歌を歌うということはごく自然なことだという認識がある。朝の会において使われるソング集には、デンマークで古くから歌い継がれてきた童謡や、グルントヴィが作詞したデンマークを称える歌や賛美歌も含まれている。

　毎日の朝の会では、学校への訪問者がいれば必ず紹介されることになっている。また、その日が誕生日の子どもには、お祝いの歌を歌っている。さらに、毎日、教員が交替でお話をすることにもなっている。筆者が視察した日も、教員によるオリジナルのお話の時間が設けられていた。

（２）０学年の授業参与観察

　2013年８月にウタスレウ・スコーレ０学年の授業の参与観察を実施した。まずは、０学年の一日の様子を表で紹介する。

　授業として学習する科目は、基本的に国語と算数である。運動や音楽などに

表8－2　0学年児童の1日の生活

8時15分～ 8時30分	朝の会（0学年から3学年まで全員が一同に集まる）
8時30分～ 8時45分	教室で、当日の学習プランの説明
8時45分～ 9時00分	お話タイム（物語・絵本の読み聞かせなど）
9時00分～ 9時40分	授業
9時40分～10時00分	休憩
10時00分～10時40分	授業
10時40分～11時40分	昼食
12時00分以降[6]	学童保育

ついては、遊びの一環として総合的な内容となっている。デンマークにおいては、保護者と学校と学童クラブなどが一体となって子どもをケアしていくという理念と制度が確立している。

　すべての学校に、「学童保育」（0～3学年対応）、「学童クラブ」（4～5学年対応）、「青年クラブ」（6～9学年対応）が学校内に置かれている。18歳以下の子どもに対するデイケアを包括した保育法が定められている[7]。

　2013年8月29日、午前9時～9時40分まで行われた算数の授業を視察した。担当の先生は、ニーナ・ヘデマン（Nina Hedeman・ペダゴー歴20年）さんとエヴァ・フォーム（Eva Forum・ペダゴー歴1年）さんである。0学年は3クラスあるが、エヴァ・フォーム（それぞれ2名の担任がおり、全員がペダゴーの資格を有している。

　月に一度、1学年から3学年までの教員との話し合いの場がもたれ、1学年以降へのスムーズな接続がなされるように0学年の課題を設定している。

---

(5)　フォルケホイスコーレ（Folkehøjskole）については、54ページからを参照。

(6)　2012年の学校改革により、公立学校および私立学校の義務教育段階の授業時間数は増加され、2014年8月の新学期より、すべての学年の授業終了時間は2時間後となっている。

(7)　デンマーク保育法（https://www.retsinformation.dk/forms/R0710.aspx?id=137202）2014年2月20日最終アクセス。

　このクラスの児童数は25人（男児15人、女児10人）であるが、当日、3人が欠席をしていた。この日の授業内容は、「1」から「10」までの数について学ぶ授業であった。授業が始まる前にペダゴーである先生が全員を外へ連れ出し、教室から少し離れた所まで走り出した。先生に注目をさせて語りかける。

　なお、「序章」においても記述したが、ペダゴーは日本でいう保育士にあたる。公立学校の0学年の担任はペダゴーが担当することになっている。実際には、子どもたちはペダゴーも教員もファーストネームで呼んでいるので違いはない。授業観察の場面においては、日本に即してペダゴーを「先生」と表記する。

　授業が始まると、まずはニーナ先生が児童たちを外へ連れ出した。

先生　先生が出した指の数だけ数を数えながら、片足で飛び上がりましょう。（3本を出す）
児童　「1・2・3」と声に出しながら、飛び上がる。
先生　今度はお尻をグルグルと回します。はい。（2本を出す）
児童　「1・2」と声に出し、笑い声を上げながらお尻を回す。

　この間、エヴァ先生は教室内の机を隅に寄せて、児童たちが使用する椅子を壁面の前に並べていた。さらに、絵が描かれた紙を教室内の様々な所に隠していた。
　児童たちが教室に戻り、先生の前に座り始めた。身体を動かしたという興奮

ニーナ先生の指示で、身体を動かす児童たちの様子　　　ペダゴー歴20年のニーナ先生

絵本の続きを話すエヴァ先生

数字の絵本

もあり、教室内は騒がしい。全員が座ったところで先生が前に立ち、児童たち
を見ながら「シー！」と何度も繰り返した。徐々に、静かになってくる。

先生　今日は、日本からお客様がみえています。日本語の挨拶は「こんにちは」
　　です。みんなで言ってみましょう。

児童　（筆者のいる後方を振り返り）kon……。（最初の2音を大きな声で発音）

先生　これから絵本の続きを読みます。みなさん、しっかり聞いてください。

　エヴァ先生が帽子を被って、絵本を持って読み始めた。その表情は豊かで、
身振り手振りを入れながら話をしている。声の表情もいろいろと変化させ、ま
るで一人芝居を見ているようである。おじさんが様々な動物に出会っていくと
いう話であるが、その都度、おじさんの声色で、出会ったものの数を児童たち
に聞いていった。

　話が終わり、エヴァ先生が「教室のどこかに小さな紙が隠されています。そ
の紙には、動物が描かれています。動物が見つかったら、お話のなかでその動
物が何匹いたかを思い出して、その数字を壁に張ってください」と言ったあと、
児童たちは教室内の様々な所を探し回った。小さな紙を発見した児童たちから
順番に何の動物が何匹いたかが発表され、授業は終了した。

（3） ０学年授業の考察

　以上、ウタスレウ・スコーレの教育内容を、０学年に焦点をあてて述べてきた。特に、朝の会におけるお話しや歌の実践は、グルントヴィという名前こそ掲げられていないが、フレデリクスベア・フリスコーレの朝の会とほぼ同じ内容であった。

　全体の４割近くの児童が移民の子どもたちであるという状況のなか、朝の会や授業において集中できない児童に寄り添うペダゴーの姿が常にあった。「お話を聞きなさい」という言葉としての指示ではなく、児童一人ひとりが自らの意志で口を閉じ、ペダゴーの話に集中するまで「待つ」ということがあらゆる場面で重要視されている。また、朝の会における合唱やペダゴーによる創作の話など、集団で声の表現を共有する活動を重視していることが分かる。

　詳述はしていないが、０学年の国語の授業においては、２人のペダゴーが全体指導と個々の児童への指導と役割分担をしながら、40分にわたって児童たちの集中力を維持していた。

　デンマークにおいては、多くの教員とペダゴーが社会経験をもっており、教育の現場に出る年齢は20代後半から30代前半となっている。０学年の担任であるエヴァさんも、31歳でペダゴーの資格を取得している。社会経験が豊かな教員とペダゴーが多いということも、多様な児童たちへの対応力の高さに結び付いていると言える。

　公立学校の教員は、自治体ではなく各学校が採用することになっている。採用の決定権は、学校理事会と自治体の学校教育の担当者にある。したがって、基本的に教員には転勤がなく、義務教育の終了まで、個々の子どもに対する責任を各学校の教員が負うことになる。よって、０学年を担当するペダゴーは、10年間という長期にわたって個々の児童に接することになる。低学年におけるデンマーク語や基本的な学習の重要性と同時に、学校生活を楽しく過ごすことや学校が居心地のよい場所であることを、０学年の児童が体験できるように工夫された授業内容となっている。

　デンマークにおいては、教科書の選択は教員に一任されている。市販の教科

手作りのパネルシアター

　書も多く、教員は自ら選択をし、必要となれば学校が購入している。児童生徒は、学校に置かれている教科書を、該当学年の間、借りて使用するという方法が取られている。０学年の授業においては、教科書も使用しているが、ペダゴーの話が中心となって進められている。

　今回視察した算数の授業では、市販の絵本を基本にして、数や言葉についての学びを展開していた。児童が楽しめるように、絵本の一部を大きなパネルシアター（上の写真を参照）として作成し、ペダゴーが考案したセリフ内容で数字の世界を繰り広げている。算数の授業においても、単に数を覚えるだけでなく、数を身体的に楽しんで声で表現し、生活のなかにおける数の認知を重視していることが分かる。

３学年の授業風景

　ウタスレウ・スコーレにおいては、様々な活動での集団への語りかけと、個々の児童への語りかけを臨機応変に行っている教員やペダゴーの「語りかけの力」ともいうべきものが存在していたように思われる。

　この時、３学年と６学年の授業の視察もしている。ともに、ICTの機器を使用しながらであったが、常に問いかけが行われ、質問を受け付けるといった形で生徒たちの声を引き出すことが重視されていた。もちろん、個々の生徒に語りかけていく場面も多く見られた（前ページ下の写真参照）。

3　ヴァレンスベック・スコーレの視察

（１）ヴァレンスベック・スコーレの基本情報

　この学校の児童生徒総数は493人（男児277人、女児216人）で、０学年から９学年までの各クラスの平均人数は21名となっている。０学年以外は、各学年とも２クラスある。デンマーク語があまり話すことができない児童生徒や特別支援を要する児童生徒のクラスが、必要に応じて各学年につくられていた[(8)]。

　視察したのが2014年３月であったため、2012年８月から2014年７月まで適用されていた各学年の時間割[(9)]を**表８－３**から**表８－９**で紹介する。

ヴァレンスベック・スコーレの外観

表8－3　1学年の時間割

曜日 時限		月	火	水	木	金
1	8：00～8：45	英語	体育	デンマーク語	デンマーク語	数学
2	8：45～9：30	数学	体育	デンマーク語	デンマーク語	数学
3	9：45～10：30	デンマーク語	デンマーク語	デンマーク語	理科	デンマーク語
4	10：30～11：15	デンマーク語	数学	デンマーク語	理科	デンマーク語
5	11：55～12：40	図工	キリスト教	学級会		音楽

表8－4　2学年の時間割

曜日 時限		月	火	水	木	金
1	8：00～8：45	デンマーク語	音楽	体育	数学	デンマーク語
2	8：45～9：30	デンマーク語	デンマーク語	体育	数学	デンマーク語
3	9：45～10：30	デンマーク語	英語	図工	理科	デンマーク語
4	10：30～11：15	デンマーク語	数学	数学	理科	数学
5	11：55～12：40	デンマーク語	水泳	キリスト教	デンマーク語	学級会
6	12：40～13：25		水泳			

表8－5　3学年の時間割

曜日 時限		月	火	水	木	金
1	8：00～8：45	英語	歴史	理科	体育	デンマーク語
2	8：45～9：30	数学	キリスト教	理科	体育	デンマーク語
3	9：45～10：30	学級会	デンマーク語	数学	数学	デンマーク語
4	10：30～11：15	デンマーク語	デンマーク語	デンマーク語	数学	歴史
5	11：55～12：40	デンマーク語	音楽	水泳／図工	英語	
			音楽	水泳／図工		

(8) ヴァレンスベック・スコーレ（http://www.vallensbaekskole.skoleintra.dk/Infoweb/Forside/Forside1.asp）2016年9月12日最終アクセス。
(9) 時間割については、ヴァレンスベック・スコーレの生徒の保護者である渡邊敦子バーテルセン氏の協力があり、学校事務担当者より受け取り可能となった。註(6)で前述したように、本時間割は2012年度のものであり、学校改革により2014年8月の新学期より授業時数が増加し、現在の学校滞在時間は各学年ともに2時間増加している。

表8−6　4学年の時間割

曜日 時限		月	火	水	木	金
1	8：00～8：45	デンマーク語	デンマーク語	数学	デンマーク語	デンマーク語
2	8：45～9：30	デンマーク語	歴史	数学	デンマーク語	デンマーク語
3	9：45～10：30	体育	英語	理科	数学	歴史
4	10：30～11：15	体育	数学	フリータイム	英語	数学
5	11：55～12：40	手芸	学級会	音楽	手芸	水泳／図工
6	12：40～13：25	手芸	キリスト教	フリータイム	フリータイム	水泳／図工

※フリータイムは。日本における学級裁量時間、行事、イベントなどに当てられる。また、水泳・図工は、いずれか選択することになっている。

表8−7　5学年の時間割

曜日 時限		月	火	水	木	金
1	8：00～8：45	デンマーク語	デンマーク語	キリスト教	木工／手芸※	歴史
2	8：45～9：30	英語	デンマーク語	数学	木工／手芸	フリータイム
3	9：45～10：30	数学	図工	デンマーク語	理科	数学
4	10：30～11：15	フリータイム	図工	デンマーク語	フリータイム	デンマーク語
5	11：55～12：40	学級会	英語	体育	数学	フリータイム
6	12：40～13：25	音楽		体育	英語	
7	13：35～14：20	フリータイム				

※木工・手芸は、いずれかを選択する。

表8−8　6学年の時間割

曜日 時限		月	火	水	木	金
1	8：00～8：45	英語	家庭科	数学	音楽	歴史
2	8：45～9：30	フリータイム	フリー／木工	数学	フリータイム	フリータイム
3	9：45～10：30	英語	フリー／木工	英語	体育	数学
4	10：30～11：15	学級会	キリスト教	家庭科／木工	体育	フリータイム
5	11：55～12：40	デンマーク語	数学	家庭科／木工	英語	デンマーク語
6	12：40～13：25	デンマーク語	デンマーク語	家庭科／木工	デンマーク語	デンマーク語

※家庭科・木工は、いずれかを選択する。

表8－9　公立小学校における授業時間全体に占める国語（デンマーク語）授業の割合

学年	総時間数／週	デンマーク語時間数／週	デンマーク語授業割合
1	24	11	45％
2	26	9	34％
3	26	8	30％
4	36	7	19％
5	29	6	20％
6	36	6	16％

※上記時間割より筆者作成。

　最後に掲げた**表8－9**から、低学年の1、2学年において、デンマーク語、いわゆる国語の授業に大きな時間を割り当てていることが分かる。OECD の調査によれば、12～14歳における必修授業に占める国語の授業時間数のパーセンテージは、デンマークは20％となっており、OECD 諸国中3番目に時間数が多くなっている。国語授業の占める割合がこれほど多いのは、2000年の PISA 読解力において低い結果を受けて、2003年に国語と算数の授業時間を増やしたという背景もある。

　いずれにしろ、国語の時間が学校生活を支える中心科目となっていることが分かる。また担任は、基本的に国語科の教員が担当することがフォルケスコーレ法で定められている。

　それでは、フォルケスコーレにおける国語の授業はどのような内容であるのか。また、6学年の場合、2時間連続となっている国語の授業はどのように行われているのだろうか。ヴァレンスベック・スコーレの6学年と0学年の授業の参与観察と生徒へのインタビューを通して考察していく。

（2）6学年授業（国語）の参与観察

　2014年月3月12日の9時45分～11時15分にかけて行われた国語の特別授業を参与観察した。担当教員は教員歴30年のアンナ・メッタ・ビスゴー（Anne

教科書『デンマークの夏』

Mette Bisgård）先生である。このクラスの生徒数は24名（男児13名、女児11名）で、2クラスある内の1クラスである。

　今回、本来国語の授業時間ではなかったが、特別に授業の変更をして下さった。デンマークの自然について短い文章を教員が朗読し、その後、文章中に出てきた単語を教員が発音し、生徒たちが書いていくという内容であった。10分間くらい取り組んだあと、全員が外に出て歩きながら文章を音読していった。

　その後、教室に戻り、授業用ソフト（The Activ Classroom）を使用して、ある音楽グループのミュージックビデオを鑑賞した。『デンマークの夏（Summer i Denmark)』というタイトルで、歌詞のなかにデンマークの歴史上における著名人の詩が出てくる。「デンマークの夏は素晴らしい」という歌詞が続くが、映像には子どもたちの実像が流れ、現代の問題を提示している内容となっていた。

　その後、歌詞だけを教員が読み、「この歌詞において、本当に言いたかったことは何か」と生徒たちに問いかけた。アンデルセンが言うように「素晴らしい国なのか」という問いに対して、生徒たちが話し合った。その後、各グループから「犯罪」、「落書き」、「暴力」などの答えが出た。ポジティブな側面だけではなく、ネガティブな側面にも視点を置くことについて教員が話していった。

　アンナ先生によると、表現されたものが何を主張しているのかを、しっかり

９学年の国語の授業におけるディスカッションの様子

と理解できる力を付けてほしいということであった。さらに、表現されている
ものに対して、「内容を正確に理解するだけでなく、自分はどう考えるのかと
いうことを言葉で表現することが国語の授業の目的である」と述べていた。

　９学年を担当している国語の教員も、「国語においては、文字を正確に書い
たり、理解することも重要であるが、最終的な目標は、書かれたことや話され
たことを理解し、それに対して自分の考えや意見をデンマーク語で伝えること
ができるようになることだ」と述べていた。

　このような国語教育について、生徒たちはどのように受け取っているのであ
ろうか。参与観察をした学年ではないが、ヴァレンスベック・スコーレに在籍
している９学年の生徒にインタビューを実施した。その内容に関しては４節で
記していく。

（３）０学年授業を参与観察

　2015年３月27日12時00分〜12時40分に行われた０学年の授業を担当した教員
は、ヤーネ・クンヌテンセン（Jane Knstensen・ペダゴー歴24年）とセンドア・
ブライク・エリクセン（Sandora Brike Erikusen・ペダゴー歴６年）であった。
０学年は２クラスあるが、筆者が参与観察したこのクラスの児童数は13名（男

０学年でお話の時間

身体表現も取り入れるお話の時間

塔について話すペダゴー

お話から絵を描く様子

完成した塔の絵

児7名、女児6名）となっていた。2014年の8月の新学期より、学校改革のため授業時間数が増加し、この時の0学年は14時までの授業となっていた。

　早めの昼食のあとお話の時間となり、半分に分かれて話を聴く隣の部屋に移動した。2人のペダゴーは、それぞれ自分の話したい話を、絵本などを利用して語っていく。児童たちは自分の好きな所へ、好きな姿勢で座っている。

　イエーヌ先生は、絨毯の上にいる児童たちに座るように指示をし、その後、話を読んでいった。様々な声色で読み進められていく。途中、イメージづくりのしやすいように、児童たちに身体的な動きを指示していた。

　終了後、教室に戻って、前回に読んだ話のなかに登場した塔の絵を描くという作業に入った。ペダゴーも児童たちもエプロンを付け、下絵の作成から絵の具を塗るという作業まで進めていった。この間、様々な会話をしながらイメージを膨らませていった。

　イエーヌ先生によれば、基本的なデンマーク語の発音や簡単な単語についてはスペルの練習もしているという。0学年向けのデンマーク語のテキストは、市販されているものを使用しているとのことであった。国語の授業においては、できるだけ毎日話を聞かせ、自分で想像したものを様々な手段で表現することを重視しているということであった。

4　9学年の生徒へのインタビュー

　2014年3月12日の15時から16時にかけて、9学年のバーテルセン渡邊飛鳥（Asger Watanabe Bertelsen）君にヴァレンスベック・スコーレで会った。バーテルセン君の母親は日本人で、父親はデンマーク人である。毎年、デンマークの夏期休暇中に日本に来ており、滞在中は日本の小学校に通学し、日本の小学校教育を体験している。日本語、デンマーク語、英語に関しては、日常的には問題のない語学力をもっている。インタビューは、母親の渡邊敦子さんの同席のもとに行った。

Q 学校は楽しいですか？

B すごく楽しい！

Q 1、2学年の時、国語の時間が多くありますが、どんなことをしましたか？

B 話をたくさん聴いたり、自分たちでお話をする時間が多かったです。アンデルセンや北欧の話などをよく聴きました。主に先生が話をしてくれたのですが、2学年くらいからは、生徒もみんなの前で話すようになりました。ランチタイムにも、生徒が順番に読んだりしました。

Q 試験はあったのですか？

B デンマークの学校では、9学年まではちゃんとした試験はありません。授業でプリントなどに書くこともあるし、確認テストみたいなものもあるけど、成績を付けたりはしません。

Q みんなで歌ったりしますか？

B みんなが集まると歌います。デンマークの人たちは小さい時に学校で歌集をもらっているので、みんなで歌える歌がたくさんあります。

Q 担任の先生はずっと一緒ですか？

バーテルセン渡邊飛鳥さん

B 1学年から6学年までは一緒で、7学年から変わります。時々、途中で変わることがあるけど、6学年まではだいたい一緒です。デンマーク語（国語）の先生が担任をすることになっています。

Q 先生とうまくいかないこともありますか？

B そういう子もいるかもしれないけど、先生は僕たちとよく話すし、僕たちの自由を認めてくれるから、先生についての不満はあまりないです。

Q　デンマークでは、イジメはありますか？

B　あると思うけど、暴力とかはないと思う。言葉でのイジメはあるかな。

Q　そんな時、どうしますか？

B　先生に訴える。でも、だいたいは先に先生が気付いて、クラスで話し合う。自分のクラスでもあった。先生は絶対そういうのを許さないということをみんな知っているから、先生にまず言うと思う。もちろん、みんなで話し合ったり、親の会議でも話し合っています。

Q　先生のことが好きですか？

B　何でも話せるし、僕たちのプライベートには口をはさまないので好きです。プライベートはプライベート、学校は学校という考えです。

Q　授業はどんな雰囲気ですか？

B　起立とか礼とか、日本のようなものはないです。自然と始まりますね。時々、やかましい時もあるけど、そういう時は先生が注意しています。

Q　日本の授業との違いは何だと思いますか？

B　日本では、みんな静かに一生懸命先生の話を聴いている。それに、黒板の字を必死に書いている。デンマークでは、みんながよくしゃべっています。先生はそれに応えながら、授業を進めています。最初の授業で、どんなことを勉強したいかとみんなに聞いてくれます。デンマークの先生は、日本の先

教員室の様子

生に比べるとフレンドリーだと思います。

Q　最近、興味のあることは？

B　友達がネットの自由に関することでデモに参加すると言っていたので、自分も今度行こうと思っています。

Q　将来は何になりたいですか？

B　ロボット工学をやりたい。日本の大学にも関心があります。

Q　国語の授業について、どう思いますか？

B　いろいろ考えて話し合う機会だと思います。どんな意見でも先生は否定しないから、意見が言いやすいのです。ただ、入学してからずっと同じことを繰り返しているようで、ちょっと飽きてきました。作品を読み取り、それについてどう考えるか、自分の意見を発表するというのをずっとやっています。その作品は、文章だったり、映像だったり、絵だったりします。

5　授業の視察内容およびインタビューの考察

　0学年の国語の授業に関しては、語られたことから喚起される児童の想像力を重視していることが分かる。さらに、想像力を様々な表現手段によって表出

休憩中に一緒に本を読む1学年生

グループ学習をする2学年の児童たち

していくことを授業構成のなかに組み込んでいた。また、0学年の児童が理解しやすい物語を直接音声で語りかけることの意味を、担当ペダゴーが深く理解していることがうかがわれた。したがって、人数を半数にし、声に対する児童の集中力を高める工夫もなされていた。

　ペダゴーは養成校において朗読についても学んでいるが、発声や声の表現については、研修などで習得しているとのことであった。

　ペダゴーの養成校や教員養成のカリキュラムおよび現職教育のなかには声の表現に関するものがある。そのことが、教育において声の表現を重視しているとも言えるのではないだろうか。特に、教員が何かを伝える時、どのような声のトーンや表現がよいのかと考慮した語りかけ方となっていた。したがって、教室内でも、学校内でも、多様な声の表現が存在していたと言える。

　9学年の生徒へのインタビューについては、限られた時間であったために質問内容が限定されたものとなったが、低学年の国語の授業内容では、デンマークの伝統的な物語や歴史物語、北欧神話の朗読を聴くことが中心であることが分かる。また、「みんなで歌うこと」も生徒に意識づけられていることが分かった。

　デンマークの公立小学校においても、声の文化やオラリティを教育内容に意識的に導入していることが分かる。公立学校すべての調査結果ではないが、ヴ

ァレンスベック・スコーレは平均的な公立学校のモデルとして判断してよいと考えられる。

デンマークの対話教育に関しては、OECDの報告『形成的アセスメントと学力』のなかにおいても、「学校にデモクラシーと対話の伝統を築く」事例としてデンマークの公立学校が取り上げられている[10]。伝統的な対話教育のアセスメントの意義と必要性について、事例を通じて論じた内容となっている。個と個の対話、個と集団の対話、それらをつなぐ相互の声、その声の表現の重要性を認識させられる学校現場であったと言える。

このように、デンマークの公立学校においてもオラリティ教育が重視されているわけだが、デンマークの教育においてはオラリティ重視のカリキュラムがなぜ可能なのだろうか。また、オラリティ教育の成果はどのように評価されているのだろうか。学習評価の方法にどのように組み込まれているのかを検証していく。

次章においては、義務教育終了証明として受験が義務づけられている試験「Folkeskolens afsluttende prøver」に注目して、デンマーク教育における評価方法を考察していく。

[10]　OECD教育研究革新センター『形成的アセスメントの学力——人格形成のための対話学習をめざして』明石書店、2008年、145～160ページ。

第 9 章

オラリティを重視した評価方法

10学年生のグループ学習の様子

1 デンマークにおける義務教育の最終試験概要

　デンマークの教育においては、教育機関のすべての評価方法に口頭試験が実施されることが法的に義務づけられている[1]。義務教育の最終段階となる9学年、または10学年において、義務教育終了資格の取得とその後の進学ための試験（Folkeskolens afsluttende prøver）を実施している。この段階で評価されたランクは、その後の上級学校への入学基準となる。

　試験は、義務教育の終了レベルの課題として、広範囲に教えられた科目をカバーするために、筆記試験、口頭試験（プレゼンテーションテスト）、そしてプロジェクトベースの課題を含めて多数の査定方法を使用している。各学生は、以下の七つの試験を受けなくてはならないことになっている[2]。

❶デンマーク語
❷英語
❸数学
❹物理学／化学（選択）
❺フランス語／ドイツ語（選択）
❻歴史社会
❼人文科学と科学（地理と生物学）の主要な学習領域からランダムに選択。
　※キリスト教（オプション）

　すべての筆記試験は、国家の評価と、外部の検閲官（通常、他校の英語、フランス語あるいはドイツ語のランダムに選択された科目担当教員、自治体からの検閲官）と生徒の担当教員との協議によって採点される。フランス語・ドイツ語以外は、筆記試験に加えてプレゼンテーションテストが実施され、同様に教員と第三者である検閲官の協議によって最終評定が決定される[3]。

　プレゼンテーションテストは、生徒一人につき2科目が無作為に選択される。選択されなかった科目については、それまでの授業における発言などのファイルが評価の対象となる。

　筆記試験は、各教科ともすべて基本的な内容となっている。例えば、国語科の筆記試験の内容は、1時間半の試験時間内に読み取りやスペルテストが行われる。正しいスペルの能力、自分や他者の文章の校正、言語の異なる機能、構造と文法の言語知識や理解、共感をもちながらの正しい読解、書かれた形で読まれているものの本質の理解などがチェックされる。

　義務教育の最終試験で注目すべきは、「プレゼンテーションテスト」と呼ばれるテスト方法である。次に、その概要について述べていく。

2　プレゼンテーションテスト

　デンマーク語のプレゼンテーションテスト概要[4]について、デンマーク教育省から出されている規約内容の要点をまとめて記述しておく。

目的

　口頭発表における声を通じての言葉の試験は、デンマークの学問上の会話能力の状況と見なされるべきである。

　生徒の認識と異なる意思を表示した発言内容に対しても、自分自身を表現することができるかどうかを審査する。対話に建設的に従事する会話パート

---

(1)　評価条例（https://www.retsinformation.dk/Forms/R0710.aspx?id=25308）2016年9月12日最終アクセス。後期中等教育試験内容（http://uvm.dk/Uddannelser-og-dagtilbud/Gymnasiale-uddannelser/Proever-og-eksamen/　Evaluering-af-gymnasiale-eksaminer）2016年9月12日最終アクセス。職業高校試験内容（http://uvm.dk/Uddannelser-og-dagtilbud/Erhvervsuddannelser/Adgang-og-eksamen-paa-erhvervsuddannelser）2016年9月12日最終アクセス。

(2)　ナショナルテスト科目（http://uvm.dk/Uddannelser-og-dagtilbud/Folkeskolen/De-nationale-test-og-evaluering/De-nationale-test）2016年9月12日最終アクセス。

(3)　OECDデンマーク評価（http://www.oecd-ilibrary.org/education/oecd-reviews-of-evaluation-and-assessment-in-education-denmark-2011_9789264116597-en）2016年9月12日最終アクセス。

(4)　プレゼンテーション審査規定（http://uvm.dk/Uddannelser-og-dagtilbud/Folkeskolen/Afsluttende-proever/Om-afsluttende-proever/~/media/UVM/Filer/Udd/Folke/PDF12/120417%20Dansk%20proevevejledning.ashx）2016年9月12日最終アクセス。

ナーに耳を傾け、彼らの言葉にかかわろうとする生徒の能力を審査するものである。

方法

プレゼンテーションテストのためのサンプルは、様々なジャンルの文章、美術作品、その他の表現形態の作品など、あらゆる領域が対象となっている。短編映画やムービークリップのようなイメージ媒体も含まれる。

サンプルは、それまでの授業の教材として取り上げたもののなかから教員は複数を選択することになっている。

ステップ1　3時間半のサンプル書き込み

教員が提示した複数サンプルについて、3時間半の分析の時間が与えられる。事前申し込みをすれば、最初の30分間にグループ討論に参加して意見交換をすることができる。残りの3時間内にプレゼンテーションテストで使用するサンプルを決定し、様々なメディアやアイデアを通してサンプルの分析をしていく。

芸術表現から日常言語までを用い、独自のテキストを完成していく。多様なジャンルやスタイルを使用しながら、異なるプレゼンテーション形式を検討し、語る内容やフォームをレイアウトしていく。

ステップ2　プレゼンテーション準備

選択したプレゼンテーション用サンプルを持ち帰る。生徒は徹底的にサンプルを読む・聴く・視聴し、サンプルを分析、解釈をする。様々な学術的アプローチを使用することが要求される。

ステップ3　プレゼンテーションテスト

テキストの朗読やプレゼンテーションサンプル、解釈についての発表などをしたあと質疑応答を行う。

3 評価

審査官について

　デンマークの教育機関においては、生徒を評価する場合、学校教員以外に第三者審査官を置き、複数の担当者による協議によって最終的な評価レベルを決定することになっている。審査官については、学校の指導者が設定するとなっている。審査官には、専門知識、意欲と様々なコラボレーションを行う能力が必要とされる[5]。

評価について

　教員と審査官が最終的な評価レベルを決定する。審査官が生徒のグレードについて教員に交渉すること事態は非常に有益である。審査官と教員の、生徒の評価に関する対話が可能となるからである。

　審査官と教員との協力は非常に重要である。二人のスコアに大きな開きや意見の相違があった場合、十分な対話がなされていないことがある。審査官と教員は、管理的な仕事を効率的にし、生徒に集中しなければならない。

表9−1　口頭試験・筆記試験についての審査マニュアル

3月中旬	口頭審査官に口頭試験についての書類送付
4月中旬	筆記試験の書面審査官へ試験についての書類送付
4月2日〜16日	筆記試験実施
5月中旬	評価会開催
5月30日	審査対象生徒の対応
6月11日〜25日	口頭試験内容のディスカッション
6月12日〜14日	実践科目の口頭試験内容配信
6月18日〜21日	口頭試験開始
6月26日	筆記試験・口頭試験完了

(5)　デンマーク審査官（http://www.uvm.dk/Uddannelser-og-dagtilbud/Folkeskolen/Afsluttende-proever/Censor）2016年9月12日最終アクセス。

表9－2　テスト評価レベル表

レベルマーク	マーク説明	ECTSマーク
12	優れている	A
10	非常によいパフォーマンス	B
7	良いパフォーマンス	C
4	正しいパフォーマンス	D
02	充分なパフォーマンス	E
00	不十分なパフォーマンス	Ex
－3	容認できないパフォーマンス	F

※デンマーク評価段階（http://uvm.dk/Uddannelser-og-dagtilbud/Folkeskolen/De-nationale-test-og-evaluering）2016年9月16日アクセス。

　評価レベルに関しては、表9－2のようになっている。評価するにあたっては、生徒の評価に役立つと考えられる内容をできるだけ授業に取り組んでいくことが重要である。また生徒たちが、この試験が基礎的な評価となることを理解し、試験の方法や形式についてシラバスを通して事前に熟知していくことができるようにしなければならないとしている。

　生徒は、これらの試験が評価の基礎であり、試験の方法や形式についてシラバスを通じて事前に知っていることが重要となる[6]。

4　デンマークの教育におけるオラリティの評価文化

　第2節における記述からも分かるように、デンマークの義務教育段階においては、プレゼンテーションテストという評価方法を用いて、オラリティが重要視されていると言える。これは義務教育段階のみでなく、教育機関のすべての評価方法に口頭試験が実施されることが法的に義務づけられている[7]。

　そして、社会的自立までの教育機関におけるオラリティ教育の基盤となっているのが、就学前教育の理念である。これまでデンマークでは、幼少期には身体的な経験や話すことを重視し、就学前段階での文字学習はできるだけしない

保育園の園庭で遊ぶ子どもたち

ほうがよいという風潮があった。

　コペンハーゲン市の場合、保育士を対象に作成された就学前教育の学びは以下の六つのプランとしてまとめられている。

❶子どもの全面的な人間形成・個の確立

❷人間関係・社会能力

❸言葉

❹体と動き

❺自然と自然現象

❻文化的表現方法と価値[8]

　日本の幼稚園教育要領にあたる具体的な教育内容は、子ども主体の表現方法でも表記されている。対話・オラリティという視点で捉えた内容を中心に、以下で抜粋しておく（**表9－3参照**）。

<hr>

(6)　同上。

(7)　本章の註(1)に同じ

(8)　青江知子・大野睦子ビャーソゥー『個を大切にするデンマークの保育』山陽新聞出版センター、2011年、72ページ。

174

表9-3　わたしの学ぶこと・わたしの練習　（コペンハーゲン市の保育内容[9]）

①子どもの全面的な人間形成・個の確立のために。	・自分の意見、何が好きかを言うこと。 ・保育園で何がしたいか、考えや意見を出すこと。 ・自分の知っていることや体験しつつあることを話すこと。 ・物語を話す時に、絵を描いたり塗ったりすること。
②人間関係・社会能力を身につけるために。	・よい友だちであること。 ・他の友だちといろんなことを一緒にすること。 ・保育園で何がしたいか自分で決めること。 ・友だちの意見を聴くこと。 ・ほかの人を助けてあげること ・誰かが悲しくなったら、慰めてあげること。 ・友だちを、自分たちはどんなふうによい友だちなのかを話すこと。
③思っていること、気持ち、体験、自分のしたことを言葉にするために。	・話す、「お話」をする、絵を描くこと、身体で表現すること。 ・文字見たり、文字で遊んだりすること。 ・言葉のリズムを楽しんだり、文章や面白い詩を暗誦したりすること。 ・思ったことや、体験したことを絵に描いたりすること。 ・自分の感情を他の人に表すこと。
④童話を聞いたり、自分でお話をつくったりするために。	・自分のファンタジーを活用する。 ・コンピュータを使う。 ・デンマークの伝統や文化を学ぶ。

　前節で記述したプレゼンテーションテストが、デンマークでなぜ可能なのかという問いに対する一つの答えが、この保育プランの内容にあると考えられる。幼少期からの一貫したオラリティ重視の教育理念が、プレゼンテーションテストを可能にしているということが分かる。そこには、義務教育段階の評価のみならず、人を評価することに対するデンマーク独特の文化が存在していると考えられる。

　評価するということは、評価する側が評価される側より上位に立つという関係が成立する。そこでは上下関係が生じ、評価される側の人間は評価されるという呪縛があるがゆえに、評価する側の人間に対して発言が規定される可能性がある。つまり、自己の本当の答えよりも、評価する人間の期待する答えを優先して発言するという危険性が存在する。

　デンマークにおいては、これは民主主義の根幹にかかわる問題であり、評価するということには慎重になるべきだという考えがある。声としての言葉で表現したものを、一方的な評価ではなく、対話を通した相互作用のなかで評価していくことの意味はここにあると考えられる。対話がデモクラシー伝統を築く事例として、OECD の著書の中にもデンマークの教育実践事例が紹介されている[10]。

　OECD は、プログラム「コンピテンシーの定義と選択」（DeSeCo) を1997年末にスタートさせ、PISA 調査の概念枠組みの基本とした。しかしながら、デンマーク教育現場における対話教育を「言語コンピテシー」という概念のみで表現することが可能だろうか。第3章において論じたグルントヴィとコルの対話理念は、人間と人間の相互作用のなかで人間が成長していくという、空間軸と時間軸の広がりと深さをもつ概念であり、コンピテンシーという概念で包括することは難しい。

　グルントヴィとコルの教育的評価とは、子どもたちの人間としての成長を評価するということであり、安易に人間を評価してはならないというデンマークの評価文化に継承されている。

　現在のデンマーク教育の評価方法には、たとえ子どもの評価であれ、謙虚に慎重に答えを出さねばならないという確固たる姿勢と、児童生徒たちへの配慮がうかがわれる。デンマークのオラリティ教育の成果は、短期的に数字として評価することは困難である。しかしながら、その成果は、今後もデンマークの文化として国民の幸福度につながっていくのではないだろうか。

---

(9)　同上。

(10)　OECD 教育研究革新センター、有本昌弘監修『形成的アセスメントの学力』2008年、145〜160ページ。

教員との対話（ヴァレンスベック・スコーレ）

　子どもをペーパーテストで簡単に評価すべきではないという、150年前に提唱されたグルントヴィとコルの教育理念は、今もなおデンマークで継承され続けるための努力がなされていると言えるかもしれない。

　教室の中で日々継続されていく教員と児童生徒との対話、その対話を通じて教員の生徒が相互に影響し合い、成長していく。そこでは、評価という概念はそぐわないかもしれない。相互に認め合い、相互に成長し合う関係こそが、グルントヴィやコルの目指していた教師と子どもの関係と言えるであろう。

第10章

協議社会を支えるオラリティ

―その意義と今後の課題―

2学年のミーティング授業（ヴァレンスベック・スコーレ）

1 幸福度世界第1位の意味

　デンマークが長年にわたり、世界の幸福度調査で常にトップクラスに位置していることは周知の通りである[1]。さらに、2016年度の国連の幸福度調査では157か国中第1位となった[2]。しかしながら、デンマーク社会のどのような要素が幸福度トップの結果を生み出しているのかについては、「福祉が充実しているから」という一言で説明されてしまうことが多い。

　国連の幸福度調査報告について、デンマークの公式ウェブサイトには次のように記述されている。

> 　国連の委託を受けた地球研究所レポートには、「政治的自由、強い社会的なネットワークおよび暴力のない社会。個人レベルの精神的、身体的健康、誰かに頼りにされ、雇用保障と安心できる家族がいることが幸福にとって重要なことである」と報告されている[3]。

　さらに、オーフス・ビジネススクールのビヤンスコフ（Christian Bjørnskov）経済学博士による、次のような解説も記述されている。

> 　デンマークの高い幸福度は、他者への信頼が基盤にあるとしている。デンマーク社会においては誇るべきことは、他の人たちの生活を判断する基準をつくらないということである。デンマークの社会生活のなかでお金は、大きな家や車を購入するためにあるのではなく、他の人たちとおしゃべりをするために使うためにある[4]。

　国連の幸福度調査レポートの内容に対して、ビヤンスコフ博士の解説には、幸福な社会を構築するための最も重要な要件が述べられている。他者との比較競争社会ではなく、他者への信頼が根底にあるからこそ幸福を感じることが可能であること、そしてそれは、物質的消費ではなく、「他の人とおしゃべりす

るため」の生活を大切にすることで実現できるのだということを示している。

　ここで言う「おしゃべり」とは、互いに向き合う、生活語としての生きた言葉による対話のことであると言えるであろう。そして、ここで掲げられている信頼とは、単に言葉としてではなく、他者との対話による相互作用から生まれる行為としての信頼ということも読み取れる。

　他者との信頼関係は、互いの生活を尊重するうえに構築されていくこと、さらに「道徳的義務は国家にも市場にも置くことはできず、最終的には経済とは無関係の信頼関係および連帯の絆のうえに築かれる」(5)というグルントヴィの言説が、現在のデンマークに息づいていることを如実に物語っている。

　他者への信頼がデンマークの社会の基盤となっているということから考えれば、デンマーク社会における人間相互の信頼度は非常に高い結果となっていることは当然であると言えよう。OECDの成人スキル調査において、社会的信頼についての調査結果は図10－1のようになっている。

　読解力の習熟度と信頼度の関連性については、習熟度が低い成人ほど他者への信頼度が低いということが各国に共通して見られる。デンマークは学歴の高い層と低い層とに大きな差異があるが、後期中等教育（高等学校未満の学歴）の社会人も、他国の高等教育終了者の信頼度とほぼ同じ割合であることが分かる。つまり、学歴が低い人たちも社会において他者への信頼度が高いということが言える。

---

(1)　デンマークの幸福度。2012年と2013年の「世界幸福度報告書（ワールド・ハピネス・レポート）」、2012年の「ユーロバロメーター」（EUの世論調査）、2011年の「ギャラップ・ワールド・ポール」で、デンマークは幸福度代1位となっている。
(2)　国際連合（UN）が2012年から始めた「世界幸福度報告書」による。2016年版では、デンマークに続き僅差でスイス、アイスランド、ノルウェー、フィンランドが続いている。国際連合世界幸福度報告書（http://worldhappiness.report/wp-content/uploads/sites/2/2016/03/HR-V1_web.pdf）2016年8月12日最終アクセス。
(3)　デンマーク公式ウェブサイト（http://denmark.dk/en/meet-the-danes/work-life-balance-the-danish-way/happy-danes/）2016年8月12日最終アクセス。
(4)　前掲、デンマーク公式ウェブサイト。
(5)　オヴェ・コースゴー『光を求めて──デンマークの成人教育500年の歴史』前掲、148ページ。

図10－1　社会的信頼についての調査結果

他者を信頼できると回答した成人の割合 (学歴別・読解力習熟度レベル別) (2012年)

成人スキル調査、25～64歳人口

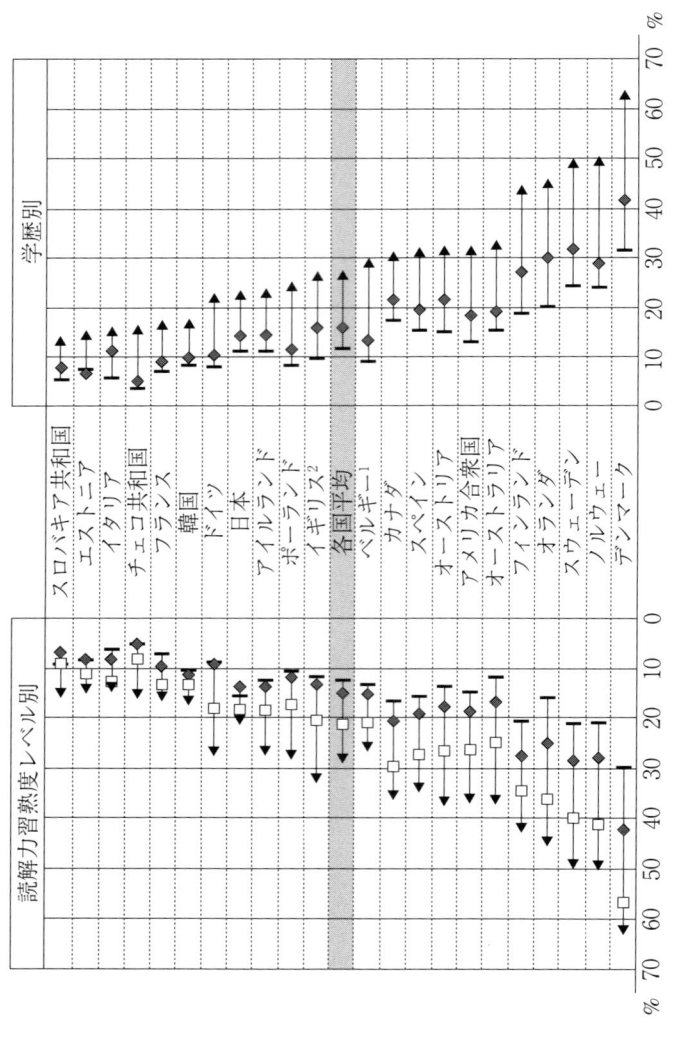

1. フィンランド。　2. イングランド／北アイルランド。

上から順に、OECD。表A8.3a [L]。付録3の注を参照 (www.oecd.org/edu/eag.htm)。

資料：OECD 『図表でみる教育2014年版』徳永優子他訳、明石書店、2014年より[6]。

※OECD 『図表でみる教育2014年版』徳永優子他訳、明石書店、2014年より[6]。

2 共存意識と協議社会

　オラリティを重視する教育のなかで、共通の物語、歌をもつという経験は、国民全体の共存意識と連帯意識を培っていく。オラリティ教育を通じて身に着いた対話力や自己表現力は、社会における相互連帯の意識をさらに構築していく。さらに、社会に対する帰属意識や連帯意識は、デンマーク社会における政治参加への意識を高めていくことにもつながっていると考えられる。

　デンマークにおける政治選挙への投票率、あるいは国民投票率は、常に平均80％を超えていることがこの事実を物語っているのではないだろうか。**図10-2**は、政治に発言権があると思うと回答した成人の割合に関する成人スキル調査の結果である。

　自らが社会の一員であるという高い自覚と自己の発言が社会に影響力をもつという自信を、デンマーク国民の多くが有しているという結果となっている。デンマークにおいては、幼少期から共存意識や共同体意識を高める場、あるいは機会が与えられていると考えられる。事実、このような機会は、子どもたちの誕生後すぐに与えられることになっている。

　デンマークには、各自治体が実施する「マザーグループプログラム」がある。同時期に出産をした母親達が地域の保健師によってグループで集められ、母親たちが主体的にグループ活動を実施するというプログラムである。自治体の保健師はあくまでも援助のみで、初回から母親たちが順番にグループメンバーを自宅に集めて、いわゆるお茶会を開いていく。

　継続するグループもあれば、途中で消滅してしまうグループもあるが、母親たちの意思で小さなコミュニティーを構築していく。様々な環境の親子との交流は、インクルージョン意識の構築と社会コミュニティー構築のためのレッス

---

(6)　OECD／徳永優子他訳『図表でみる教育　2014年版』明石書店、2014年、198〜199ページ。読解力習熟度と社会における他者への信頼度との関連性の調査。学歴別に「心から信頼できる人は数えるほどしかいない」という文への同意程度を統計化したものである。

図10−2 政治に発言権があると思うと回答した成人の割合（学歴別・読解力習熟度レベル別）（2012年）

成人スキル調査、25〜64歳人口

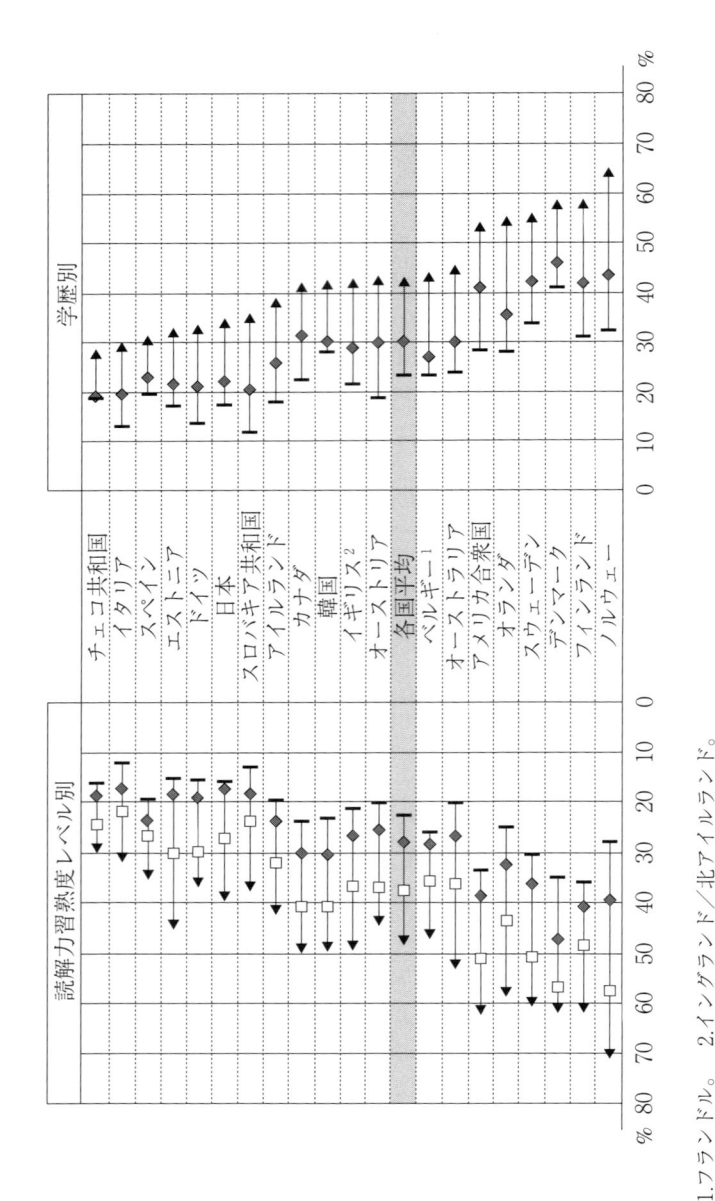

1.フランド。 2.イングランド／北アイルランド。

上から順に、高等教育修了者で政治に発言権があると思うと回答した成人の割合が小さい国。

資料：OECD。表A8.4a［L］。付録３の注を参照(www.oecd.org/edu/eag.htm)。

※OECD『図表でみる教育2014年版』徳永優子他訳、明石書店、2014年より[7]。

ンともいうべきものとなっている⁽⁸⁾。

　マザーグループは、そのまま保育園・幼稚園の親の連帯につながっていく。小中学校段階では、学級あるいは学校理事会への親と生徒の参加が定められ、学校運営や教育内容についても親や子どもたちの意見が反映されることになっている。こうして、親たちの学校あるいは地域活動への参加意識は継続していく。

　小学校においては、子どもの教育にかかわる大人のすべてが協力すべき課題と見なされており、親、教員、生徒の間での継続的な対話が求められている。クラス担任は、毎年、親とその年の教育課計画について議論する会合を開いている⁽⁹⁾。

　さらに、デンマークのこのような社会参加意識の高さを支えているのは、「デンマーク労働組織組合」である。デンマークにおける労働組合は、企業ごとではなく、職種別の全国組織として存在している。よって、労働者の連帯を可能にするための効果的なシステムとなっている。

　この労働組合の組織化も、グルントヴィの国民啓蒙運動の影響を受けている⁽¹⁰⁾。個と組織が、上下関係でなく水平な関係で存在するシステム、常に対話が可能である関係こそが民主主義の根幹であるという理念のもとに、デンマークの社会活動の歴史があると考えられる。その理念は、デンマーク労働市場におけるフレキシュリティ政策や生涯教育政策として具現化され、確実な成果を上げていると言える⁽¹¹⁾。

---

(7)　OECD『図表でみる教育　2014年版』前掲、199～200ページ。

(8)　マザーグループについての記載は、デンマーク子育て経験者である渡辺敦子さんへのインタビューによる。グループには移民の人たちを含め、様々な家庭環境の親子が6組程度参加する。渡辺さんのグループは、長期にわたる継続は困難であったが、母親たちの自分と異なる経済・文化環境の親子との交流と対話は、それ以降の他の子どもたちに対する意識変化につながるとのことであった。

(9)　OECD 教育革新センター／中嶋博・山西優二・沖清豪訳『親の学校参加』学文社、1998年、126～128ページ。

(10)　オヴェ・コースゴー『光を求めて——デンマークの成人教育500年の歴史』前掲、267～318ページ。

(11)　柳沢房子「フレキシキュリティ——EU 社会政策の現在」『レファレンス』2009年8月号第700号、国立国会図書館調査。

3 デンマークにおけるオラリティ教育の今後の課題と展望

2000年のOECDによるPISA[12]の結果は、デンマーク国内において「PISAショック」とまで言われるほどの激震が走った。表10-1が、2009年までのデンマークに対するPISAの結果である。

表10-1 OECDのPISA結果 順位

	参加国数	読解力		数学的リテラシー		科学的リテラシー	
		デンマーク	日本	デンマーク	日本	デンマーク	日本
2000年	31	15位	8位	12位	6位	22位	2位
2003年	40	19位	14位	15位	7位	31位	2位
2006年	57	19位	15位	19位	7位	24位	6位
2009年	65	24位	8位	22位	10位	25位	5位

※ https://www.oecd.org/pisa/keyfindings/ 2016/9/17.OECDPISA の結果より、筆者作成。2000年～2009年のPISA結果は、以下による。OECD Pisa keyfindings（https://www.oecd.org/pisa/keyfindings）2016年9月17日最終アクセス。

デンマークは教育費に対する公的資金のGDP[13]比がノルウェー、アイスランドに次ぐトップレベルであるにもかかわらず、2000年のPISA結果にデンマーク教育省は大きなショックを受け、その後、グローバル化、国際競争力に対応可能な教育強化のための改革路線をとった。

2006年、教育大臣より教育の質についてデンマークが危機的状況であり、早急な取り組みが必要であるこという内容が発表された[14]。デンマーク教育省は、新しい教育改革政策を次々と打ち出していった。EU加盟後、デンマークはヨーロッパ諸国との教育交流のなか、市場原理的評価という洗礼を受けることとなったのである。

統計学的な指標よりも個々の学生の個性を重視していたデンマークであったが、グローバル化の波は避けられなかった。これまでのデンマークの教育では、国際競争に対応できる学力育成の限界があるという認識に至らざるを得なかったと言える。

　市場経済主義とオラリティを重視したデンマークの伝統的な教育バランスを
どのようにして可能にしていくか、デンマークの模索と挑戦が始まっている。

4 推進される教育改革

（1）教育改革の背景

　2012年、デンマーク教育省は、「デンマークの公立学校は民主的なプロセス
を学び、デンマーク市民として未来の人生を準備する機関であり、学生の能力
の多面的な開発のための教育を推進している。公立学校の初年度においてはデ
ンマーク語と算数の能力は高く、さらに最終学年においては素晴らしい対人関
係スキルと討論文化をもっている」[15]としかしながらも、約17％の学生が十分
な言語と数学能力を獲得しないまま義務教育段階を終了している現実に対し、
公立学校の水準の改善の必要性を主張している。

　このような基礎学力をすべての子どもたちが習得できていない背景には、移
民[16]の問題も存在している[17]。学校改革の主な背景として考えられる要素を
OECD は次のように報告している[18]。

---

(12)　序章の註(10)を参照。

(13)　GDP（Gross Domestic Product・国内総生産）一定期間に国内で生産された財貨・サービ
　　　スの価値額の合計額のことであり、日本企業が海外支店などで生産したモノやサービス
　　　の付加価値は含まない。

(14)　ベアテル・ホーダー（Bertel Haarder）教育大臣による巻頭言。
　　　（http://uvm.dk/Uddannelser-og-dagtilbud/Folkeskolen/Faelles-Maal/Ministerens-forord）2012
　　　年11月20日最終アクセス。

(15)　デンマーク教育省（http://www.uvm.dk/Den-nye-folkeskole）2014年6月10日最終アクセス。

(16)　本論における移民の定義は OECD の定義に準じ、下記のすべてを含むものとする。
　　　　　移民1世：両親ともに外国生まれだが、自身も外国生まれの子ども。
　　　　　移民2世：両親ともに外国生まれだが、自身はその国生まれの子ども。
　　　　　両親の一方、かつ子どもがその国で生まれた場合はネイティブとする。
　　　OECD ／斉藤里美監修『移民の子どもと格差』明石書店、2011年、120ページ参照。

(17)　斉藤里美監修『移民の子どもの学力』明石書店、2007 年。

①教育投資が学力に反映していない現状

　デンマークの GDP に占める教育費は、OECD 諸国のトップである。しかしながら、2006年の PISA 結果は、読解リテラシー57か国中19位、数学リテラシーが19位となり、2009年の PISA 結果は、読解リテラシー67か国中24位、数学リテラシーが22位であった。この結果に関して、教育投資の効果が問われている。

②公立学校の質の問題

　デンマーク国家を支えていくべき人材育成として、国際競争力に対応するための学校教育が今後必要とされている。伝統的な自由な教育のよい面もあるが、それだけではグローバル化時代に取り残されてしまう危険性がある。OECD 諸国のなかでも、授業時間数が少なく、授業カリキュラムも学校や教員の自由度が高いことが教員の質の低下を招いている可能性がある。

③移民の子どもたちの教育保障の問題

　外国人の出生人口の割合は、1998年の5.4％から2007年の6.9％となり、増加率は27.9％となっている。15歳時点において、ネイティヴと移民の子どもの読解力に顕著な差も出ている。また、1世の子どもは就学前教育を受ける割合が低いという調査結果も出ている。現在の学校における移民の子どもの割合は30～40％であり、デンマーク語の習得が大きな課題となっている。

　これら以外にも、デンマーク語の習得が困難である家庭環境の問題も存在している。学校での言語と家庭での言語が異なるという環境や、家庭での学習支援のための環境が整っていない状況があり、幼少期からの読書活動の不足も言語習得の大きな障壁となっている場合もある[19]。

（2）2000年から推進されてきた教育改革

　デンマーク教育省は、2000年に入って教育改革に向けて動き出している。大

きな潮流のなかに、義務教育のほとんどを占めている公立学校の改革が位置づけられていると言える。2002年に「デンマーク教育評価研究所（EVA）」（Denmarks Evalveringsinsitut）[20]が設立され、2004年には教育の国際性について強化政策が議会で承認された。さらに、2006年には教育評価のための教育エージェンシーをデンマーク教育省のもとに設立し、学校行政のスリム化、教育プランなどについて効率的な推進を図っている。

　その後、2009年には就学前教育０学年を義務教育段階に導入している。義務教育期間が９年間から１年延長し、10年間となった。さらに、2011年には保育新法案が採択され、保育の質向上のためのカリキュラム導入がなされた。そして、2012年に現在も推進されている学校改革が始動したのである。

　上記のように、大改革に向けての潮流をつくりながら、最終的な学校改革へとフォーカスを絞ってきていることが分かる。さらに2013年には、発表された０歳から18歳までの教育保障の根幹となるのが就学前教育と義務教育であるということを明らかにし、その期間の教育改革について、デンマーク教育省が主導権をもつように進めてきたわけである[21]。

（3）2013年のロックアウト事件

　デンマークの教育改革は、北欧閣僚会議[22]と連動しながら、北欧グローバルのなか「新しい北欧の学校（Ny Nordic Skole）プロジェクト」として推進されてきた。「新しい北欧の学校」は、子どもおよび教育のために、デンマーク教

[18]　OECD, At a Glance2013, Countory Note Denmark. OECD, Paris, 2013.
（http://www.oecd.org/edu/Denmark_EAG2013%20Country%20Note.pdf）2014年２月18日最終アクセス。

[19]　OECD『移民の子どもと格差』前掲、54〜59ページ。

[20]　デンマーク教育評価研究所（EVA：Denmarks Evalveringsinsitut）2002年に教育省のもとに設置され、デンマークの教育政策の諮問機関として新たな教育改革の中核を担っている。（http://www.eva.dk）2016年８月16日最終アクセス。

[21]　デンマーク教育省と子どもと社会省の連携について。（http://uvm.dk/Aktuelt/~/UVM-DK/Content/News/Aktuelt/2013/130809-Regeringsrokade-Ministeriet-for-Boern- og-Undervisning-aendrer-navn）2014年６月11日最終アクセス。

育省の大臣によって開始された開発プロジェクトである。

　2012年春、研究者、教育関係者、政府関係者によるダイアロググループが結成された。

　同年の8月、新しい北欧の学校プロジェクトの青写真がほぼ完成し、10月には全国の保育、学校、学童クラブ、中等学校の約3,000団体の代表がウェブ上でのラウンド会議に参加した。そこで、保育における教育から高等教育のアカデミックな教育まで、一貫した教育の質をどのように保障していくのかについて協議され、ガイドラインとツールによってサポートされ、デジタル化されることが必須条件であるという具体的な方向性が提案された。

　2013年の春には、ヴィボー（Viborg）とオールボ（Ålborg）において135の研究機関と500以上の参加者による会議が開催され、同年の夏には700人以上の教育機関の指導者、教員などによるコペンハーゲンでの会議が開催されている。

　しかしながら、「新しい北欧の学校プロジェクト」の推進は、教員と自治体連合の対立によって中断されることになった。自治体連合は教育改善のためには教員の労働時間を増加させる必要があるとして新たな労働条件を提示した。この提示に対し、2012年秋頃より教員組合と交渉相手の自治体連合の衝突が激しさを増し、話し合いは決裂に終わり、教員側に警告されていた通り4月1日から全国の学校がロックアウトするという事態を招いた。協約の適用されるすべての教員、学校内の0学年クラスの代表教員、放課後の青年学校や語学学校など、合わせて52,000人の教員たちが職場に入ることができなくなり、生徒たちは授業を受けられなくなったのである。

　このロックアウトは約1か月にわたって続き、政府が仲介をする形で解決の方向に向かった。その後、デンマーク教育省は、2013年6月に政府レベルの合意と学校関係者との合意を得て、2020年までの教育改革プランを政策として打ち出すこととなった[23]。

（4）デンマークの伝統的な教育理念との拮抗

　ロックアウトが意味するものは何であったのだろうか。一見すると、教員の

労働条件を守るためのストライキのように見える。しかしながら、その後にデンマークの教育現場での聞き取り調査をしたところ、大きな教育改革の潮流に対する教員の危機感の象徴であったのではないかと考えさせられた。

　話を聞いた公立学校の5名の教員からは、授業時間の増加は教員の負担増となるだけでなく、「子どもたちの自由時間を奪うことになる」という答えが戻ってきた。2000年代に入り、教育改革が推進されていくなか、これまでの「デンマークらしい教育」が失われていくのではないかという危惧を抱いているのである。

　数字的な目標を掲げ、それを達成するためのプログラムを推進していくことが、果たして個々の子どもたちの幸せな人生に結び付いていくのかという疑問を抱いている教員が多いということを、今回のロックアウト事件は物語っているのではないだろうか。

　公立学校であるヴァレンスベック・スコーレの47歳の教員は次のように語っていた。

「全般的に、生徒の読み書き能力は下がりつつある。しかし、**PISA** の結果を求めるだけの教育はおかしい。数字で比較評価することは必要ないし、テストで生徒の学力は測れない。時代に応じてテキストも新しくなり、**ICT** 活用も進んでいくだろうが、現在でもグルントヴィとコルの理念は基礎とするだけの大きな価値がある。今後も、デンマークの教育が根本的な考えを守ることを願っている」

---

(22)　北欧理事会（Nordisk Rad）。第2次世界大戦に北欧が連帯して対応できなかったことに対する反省のもと、北欧諸国の団結を目指してノルウェー、スウェーデン、フィンランドが中心となり、1952年に北欧理事会が設立された。現在の加盟国は、デンマーク、スウェーデン、フィンランド、ノルウェー、アイスランド、グリーンランド（デンマーク自治領）、フェロー諸島（デンマーク自治領）、オーランド諸島（フィンランド自治領）となっている。加盟諸国の閣僚レベルの会議であり、北欧の共有する重要政策課題に対する解決策を政策プロジェクトベースで解決している。（http://nynordiskskole.dk/Om-Ny-Nordisk-Skole/Historien-bag-Ny-Nordisk-Skole.）2014年9月23日最終アクセス。

(23)　自治体連合の調査報告書を参考に経緯をまとめてある。（http://www.kl.dk/ImageVault/Images/id_58304/scope_0/ImageVaultHandler.aspx）2016年9月12日最終アクセス。

5 グルントヴィの対話理念の継承

　教育改革が推進されながらも、デンマークの教育の根底にはやはり声の言葉による対話であることを表すいくつかの事象がある。

　前教育大臣のクリスティン・アントーニ（Christine Antoni）は、公立学校の教員が教育内容の開発にかかわっていない現状について、「最も重要なことは、我々と教員たちとの対話である」[24]と述べている。教育のみならず、デンマークに関する問題の根本的な解決には最もエネルギーが必要とされるが、相互の声による対話以外にはないと断言している。

　また、デンマークでは1994年以降、後期中等教育における筆記試験に情報技術教育プログラム ICT[25]が導入された。1997年より、後期中等教育におけるすべての筆記試験で ICT が許可されている。2000年においては、高等商業校の98％が ICT によるデンマーク語の筆記試験を実施し、特に後期中等教育において ICT 普及率が高くなっている。

　すべての学校にウェブサイトがあり、80％の学校で、生徒が自由にアクセス可能なコンピュータが導入されている。さらに、生徒の80％が国語課題にコンピュータを使用しており、84％の教員が授業でコンピュータを使用している。

　ICT の導入については、生徒の能力ではなくコンピュータの能力判定ではないかという反対意見も多く、討論の結果、口頭試験を組み合わせていくクロスカリキュラムを考えることによって ICT を教育に活用していく方向に進んだ。必ず口頭試験も実施することが条件とされ、第9章で前述したプレゼンテーションテストが導入されたのである。

　これらの事象の根底には、やはり声による言葉重視の考えが見られる。人間と人間の対話や討論を通して問題解決をしていくべきだということ、そしてオラリティが最終的な信頼関係の構築には不可欠な要素であることを、国民全体のコンセンサスとして堅持していこうとしている国、それがデンマークと言えるのではないだろうか。

　さらに、問題解決には対話が必要であるというコンセプトは、デンマークの

教育においては「全国対話フォーラム」という形で実現している。教育は国と地域とが協働してつくり上げていくという理念のもと、長い歴史のうえに構築された教育政策の原点となる会議である。これまでに、教育大臣、各種団体、指導者組合、青年組織、民間企業など、教育指導の質を開発強化していくための対話がなされてきた。この会議は、年間3回から4回の年次会議が開催されており、教育大臣から直接任命された委員によって子どもと教育のために運営されている。

　幸福度世界第1位という国の根底にある国民相互の信頼感、それを構築していくための対話と相互作用、150年前にグルントヴィやコルが構築した教育理念が、現在のデンマーク社会の確かな基盤になっていると言えるのではないだろうか。

　デンマーク社会を支えるオラリティについての記述の最後に、エフタースコーレの2012年大会に向けて述べられた、エフタースコーレ協会理事のトーマス・ブック氏（Thomas Buch）の講演内容の一部を記述しておく。グルントヴィの教育理念を継承しながらも、未来に向けての新たな課題と今後のヴィジョンが語られている。

　　エフタースコーレでの毎日のワークショップやスポーツなどの教育活動は、競争ということへの歯止めとなっている。競争が人間に成長や評価の唯一のバロメーターになると、この競争が固定化し、研究対象となり、さらに様々な競争の評価を生じさせてしまうことを危惧する。学校は、若者が自尊心をもって生きることができるためのツールを与えること、そして生徒の希望と夢を経験することを考えていくべきである。
　　グローバル化する社会において、若者たちがいかに尊厳をもって生きていくことができるかを学校は考えねばならない。若者たちがバランスのと

⒇　教育大臣プレス発表（http://uvm.dk/Om-os/Ministeren/Indlaeg-i-dagspressen/121129-Dialog-med-laererne-er-vigtig）2012年12月1日最終アクセス。

⒅　デンマーク教育省中等教育ITCプログラム（http://eng.uvm.dk/Fact-Sheets/Upper-secondary-education/Information-and-Communication-Technologies-ICT-in-Upper-Secondary-Education）2016年9月12日最終アクセス。

れた生活をし、競争社会においても威厳のある生活を送るためにどうすれ
ばいいかを考えていくべきである。単に数字とランキングによる社会では
なく、人道的、民主主義的社会に若者が貢献していくことが重要である。
今こそ、様々な領域において対話が求められている[26]。

人間相互のつながりを声としての言葉を通して確かなものにしていくこと、
そして、問題に対しては対話という協議を通して解決方法を見いだしていくこ
とを子どもたちは学んでいく。物語を通して国の歴史を語っていくことで、子
どもたちには身体的な経験として自国の歴史が刻まれていく。そこには、点数
で評価できない人間としての尊厳が存在していると考えられる。

グルントヴィとコルがデンマークの教育や社会の根底に遺したものを、新た
な視点であるオラリティとして、今後も教育現場で伝えていくことが今求めら
れているのではないだろうか。

デンマークの教育改革が今後どのような方向に進んでいくのか。その舵取り
をしていくのは、デンマーク教育省ではなく、教育現場の教員、そして保護者
と子どもたち一人ひとりの声で語られる生きた言葉であるということを期待し
たい。

---

[26] エフタースコーレ協会ウェブサイト（http://www.efterskoleforeningen.dk/da/Om%20os/
Presse.aspx）2016年9月12日最終アクセス。

第11章

日本の教育における
オラリティ創生の可能性

ウタスレウ・スコーレの子どもたちの作品を鑑賞する岩倉市東
小学校の児童たち

　第10章までデンマークの教育における声の文化、オラリティの諸相を検証してきた。その結果、オラリティ重視の教育が、子どもたちの自己受容や自己表現の能力を高めるために大きな役割を担っていることが明らかになった。学校教育のなかで培われたそれらの能力は、社会において自己を表現する意欲、自己表現を受容してくれる相手が存在することへの信頼感へとつながっていくという事実も示された。オラリティ教育のもつ意義が確認されたと言える。

　それでは、現代日本の教育という文脈においては、オラリティはどのように位置づけられ、意識化されているのだろうか。または、されていないのだろうか。日本の教育においては、声の文化という概念はまだ一般化されていない。したがって、言語活動あるいは対話という視点での考察ということになる。

　本章では、日本の教育におけるオラリティの現状と問題を、学習指導要領における言語活動領域を通して検証していく。さらに、デンマークの教育におけるオラリティとの差異を明らかにしていくことで、今後の日本の教育における言語活動の再構築、オラリティ創生への提言としていきたいと考える。

1 日本の学習指導要領における言語活動

（1）日本の指導要領における言語活動の考え方

平成23（2011）年度の新学習指導要領における言語活動内容

　2005（平成17）年より中央審議会において検討され、2008（平成20）年に公示された小学校学習指導要領において、言語活動の充実についての指導内容が追加された。その狙いとしては、コミュニケーションや感性・情緒の基盤でもあり、豊かな心を育むうえでも、言語に関する能力を高めていくことが重要であるとしている[1]。その背景には、教育現場における児童たちの言葉の乱れや、教員との信頼感の欠如という状況があったと考えられる。

　新しい学習指導要領では、各教科などにおける言語活動の充実を目的としている。新学習指導要領において、コミュニケーションや感情・情緒の基盤とし

て言語活動はどのように捉えられているのだろうか。さらに、それらの言語活動は、いかなる対話理念に支えられているのかを考察していく。

平成23（2011）年度「新指導要領における言語活動の充実」の基本的な考え方

　文部科学省は、言語活動の充実について、国語科と各教科それぞれの基本的な考えを示している。国語科についての基本的な考え方は、「我が国の言語文化に触れて感性や情緒を育むことが重要である」とし、「話すこと・聞くこと」や「書くこと、読むこと」に関する基本的な国語の力を定着させたり、言葉の美しさやリズムを体感させたりすることが必要だと記述されている。

　今回の新指導要領における言語活動の充実においては、国語科だけではなく、各教科の言語活動の充実についての必要性が以下のように強調されている。

- 国語科で培った能力を基本にそれぞれの教科等の目標を実現する手立てとし、知的活動（論理や思考）やコミュニケーション・感性・情緒の基盤といった言語の役割を踏まえて、言語活動を充実させる必要がある。
- コミュニケーションや感性・情緒の基盤であるという言語の役割を踏まえた指導を行うことが大切である。また、言語活動が単に活動することに終始することのないよう、各教科等の狙いを、言語活動を通じて実現するために意図的、計画的に指導することが重要である[2]。

　言語活動が知的活動の基本として国語科で培われるのみでなく、コミュニケーション能力や感性の発達のために全教科を通じて重要なことは、平成20（2008）年度の答申で初めて取り上げられた内容である。

　「コミュニケーションや感性・情緒の基盤であるという言語の役割を踏まえた指導」を、文部科学省はどのような観点から捉えているのだろうか。言語活動の充実を図るために出された「言語活動の充実に関する指導事例集（小学校版）」における記述内容を通して、考察していく。

---

(1)　文部科学省「新指導要領における言語活動の充実」2010（平成22）年5月11日付、22文科初第1号。
(2)　同上。

「言語活動の充実に関する指導事例集（小学校版）」においては、言語活動を知的活動とコミュニケーションや感性・情緒という領域に分け、それぞれについて、具体的な指導方法と留意点を提示している。注目すべきは、「コミュニケーションや感性・情緒に関すること」に関する指導の留意点についての記述内容である。

　留意点として、より良い生活や人間関係を築くためには互いに理解し合うといったコミュニケーションが重要であるとしているが、教育現場において、児童生徒との対話が成立しない現状については下記のような記述がなされている。

　　　近年、自分や他者の思いや考えを表現したり受け止めたりする語彙力や表現力が乏しいことにより、他者と適切な関係がとれなくなったり、容易に「キレて」しまったりする児童生徒が見られるとの指摘がある。

　　　良好なコミュニケーションを図るためには、思いや考えを表現するための語彙を豊かにし、表現力を身に付けることが重要である。また、自分の思いや考えをもちつつそれを相手に伝えようとするとともに、相手の思いや考えを理解し、尊重しようとすることも大切である。その上で、自分と相手の思いや考えについて、「何が同じ」で「何が異なるか」という視点で整理しながら、相手の話をしっかり聞き取り、受け止めるようにするとともに、納得したり、合意したり、折り合いを付けたりするなど、状況に応じて的確に反応することができるようにすることも大切である[3]。

　このため、コミュニケーションに関する指導を行う際には、語彙を豊かにし、表現力を育むことが重要であると記述されている。また、感性・情緒は、事象とのかかわりや他者との人間関係、所属する文化のなかで感じたことを言葉にしたり、心のこもった言葉を交流したりすることによって一層育まれていくものであり、そのような豊かな感性や情緒を通して、良好な人間関係を築くことにもつながるとしている。

　さらに、論理と情緒との問題を、物事を直観的にとらえるのではなく、分析的にとらえることも情緒を豊かにしていくうえで有効であるとし、「単に『わ

ぁー、すごい』という言葉だけで感情表現するのではなく、『何が』『どのように』『素晴らしい』のかについて、具体的な表現を用いて相互に伝え合うことにより、より細かな感性・情緒を実感できるようになる」[4]としている。

（2）オラリティ教育の視点からの考察

　ここまで、平成23（2011）年度「新指導要領における言語活動の充実」の内容について記述してきたが、文部科学省の言語活動における指導基本内容においては、まず語彙を豊かにすることに重きが置かれていることが分かる。

　コミュニケーションや感性・情緒に関する指導を行う際、良好なコミュニケーションを図るためには、思いや考えを表現するための語彙を豊かにし、表現力を身に着けることは重要である。しかしながら、語彙や表現力を身に着ければ良好なコミュニケーションが図れるのであろうか。

　コミュニケーションは、働きかけたい、語りかけたいという思いが生まれない限り成立しない。コミュニケーションをとりたいという他者への希求性、共同体のなかでの自己存在の意味を、どのように育てていくのかということが、現在の日本における教育現場の問題なのではないだろうか。ここに、オラリティとしての視点が求められる。

　デンマークにおけるクリステン・コルの言葉、あるいはフリスコーレの理念や評価理念と日本の指導要領の内容を単純に比較することはできないが、指導という目線のみの教育は、どこかで子どもの本音と教員の指導の乖離（かいり）を生み出していく。そのほころびが、現在の教育問題につながっているとは言えないだろうか。

　学校という場で、自己と他者とのつながりを感じ、そこに喜びと楽しさを感じていくことこそがコミュニケーションの原点である。教員と生徒、生徒と生徒が向かい合い、安心して本音で語り合うための言語活動、あるいは指導方法を検討していくことが今求められている。それは、道徳の「こころのノー

---

(3)　同上。
(4)　同上。

ト」[5]のような文字としての言葉ではなく、教員の身体的な声としての言葉で語られていくことで「生きた言葉」となっていくのではないだろうか。

つまり、文部科学省の言語活動の捉え方、指導内容の提案のみでは、日本の教育現場におけるコミュニケーションの抜本的な問題解決は困難ではないかと考えられる。

日本の教育現場におけるオラリティ教育という包括的な新しい視点の必要性、さらに日本の教育の文脈においていかなる視点となり得るのかについて、次節では論じていく。

2 オラリティ創生としての教育現場 —学校文化としてのオラリティ

(1) 日本の教育における対話教育

日本の教育においては、最近、イジメや不登校が大きな問題となっている。独自の対応策を検討し、すでに実施している自治体や学校も出てきている。早急に対応し、子どもたちの命を守ることが第一であることは言うまでもない。しかし同時に、これらのイジメ問題の原因が何なのか、対処療法的な対応だけではなく、本質的な問いかけをしていくことが今求められている。その問いは、究極、子どもたちにとって、日本の教育現場がどうあるべきなのかという問いかけでもある。

著書、学会の研究論文、そのほか様々な領域において、多角的な視点から教育が論じられている。なかでも、対話というキーワードで語られていく教育論が多く出されている。教員の言葉のコミュニケーションを考えるというテーマで、対話から始める学校づくりのデザインも提案されている。

また、「やわらかさとぬくもりのある対話が生まれる学校」[6]という表現が記述されている著書も出てきている。これまでの教育学では非論理的であるとされ、扱われることのなかった領域にある文言が、研究書のなかに現れてくるようになったのである。「やわらかさ」や「ぬくもり」という、論理的な説明が

困難な表現そのものに、日本の教育が今必要としているものが象徴されているのではないだろうか。論理的な解決方法だけでは対応できない問題が顕在化していると考えられる。

　コミュニケーション技能の育成、言語力の育成がスローガンになるのではなく、「その根にある言葉をめぐる哲学、学校観が問われている」[7]と考えられる。さらには、論理的な教育方法以前の、情動や情緒といった原始的なコミュニケーションの必要性も問われている[8]。臨床教育学的な「子どもの表現の読み取り・聞き取りを軸とした教育の試み」[9]が、今求められているのである。

　オラリティという言葉そのものを取り上げているものは少ないが、対話や教員の言葉かけ、情動や感情の交流、さらにその根底にある言葉をめぐる哲学という内実は、まさにオラリティに包括される内容である。

（2）教育への新たな視点の必要性

　前述したように、ここ数年、教育現場は様々な視点から分析され、論じられている。なかでも、新しい視点での質的研究方法として、「エスノグラフィー[10]」、「ライフヒストリー」、「ナラティヴ・アプローチ」（序章参照）など、教育学以外の研究領域からのアプローチもなされている。

　従来、学校教育を論じる場合に用いられていた教科、授業、特別活動、生徒指導といったフレームでは、もはや捉え難い問題が教育現場に存在するということを示唆していると考えられる。もちろん、あらゆる教育現場の問題は、基

---

(5)　文部科学省、道徳『こころのノート』（http://www.mext.go.jp/a_menu/shotou/doutoku/detail/1302315.htm）2016年9月12日最終アクセス。

(6)　秋田喜代美『教師の言葉とコミュニケーション』教育開発研究所、2011年、9ページ。

(7)　同上。

(8)　坂元忠芳『情動と感情の教育学』大月書店、2000年。

(9)　田中孝彦「臨床教育学の輪郭」、小林剛・皇紀夫・田中孝彦編『臨床教育学入門』柏書房、2002年、51ページ。

(10)　エスノグラフィーとは、文化人類学、社会学の用語で、集団や社会の行動様式をフィールドワークによって調査・記録する手法およびその記録文書のことであり、教育学にも取り入れられつつある。

盤となる学校組織や基本活動と不可分な関係にある。しかしながら、組織や活動をいかに工夫し、質的な向上を図っても、教育現場の問題は解決していかない。それどころか、問題対策のための対処療法的な教育施策は、現場の教員たちを多忙化し、疲弊化させている。

　これまでとは異なる視点から教育現場を論じ、切り込んでいく必要が今後も求められていると考えられる。教育学の規定の枠組みでは見えてこない要素が、実は問題の根幹にあるのではないかということに、研究者も現場の教員も気付き始めており、様々なアプローチでの教育現場の問題への取り組みが続いている。

　しかしながら、その多くが細分化された領域での研究となっている。数字的なデータが追究された研究内容のなかには、子どもの姿が見えてこないものもある。明らかに、そこにはホリスティックな視点が欠如していると考えられる。

（3）ホリスティックな視点

　子どもいう一人の人間は、細分化されたものがモザイクのように合致していくことで形成されるものではない。現場の教員たちは、包括的なホリスティックな視点で個々の子どもを見ている。もちろん、教員自身も部分的に機能している機械ではなく、総合的な人間という未知なる側面を包括した存在である。時には、児童生徒たちも、教員も、自身のコントロール能力を見失うことさえある。相互の反応も、答えも、常に未知数なのである。

　教育という領域におけるホリスティックな視点と、相互の影響をより重視した教育論が本来は必要なのではないか。ホリスティックに教育現場を見るということがなされない限り、根本的な問題解決にはつながらないであろう。「ホリスティックな視点で子どもたちを見守ることにより、子どもの気持ちに共感し、心くばりが可能になる。心くばりとケアリングの対話によってはじめて教室は、ひとつのコミュニティー」[11]となることが可能となる。

「〈全体としての人間〉の対話的実現」[12]に向けての取り組みが、今、教育現場にも、研究領域においても求められていると言える。

（4）学校文化の視点

　ホリスティックな視点で個々の子どもたちを見つめだすと、授業を含む学校生活に生きる子どもたちのある息苦しさを感じることができる。それは、学校によっては息苦しさではなく、新鮮な呼吸にも変わりうる。学校にしか居ることが許されない児童生徒にとって、学校の空気は、生きていくうえにおいて不可欠のものとなる。したがって、どのような空気が学校に漂っているのか、これは児童生徒にとっては最も重要なこととなる。

　授業、放課、部活動、給食、行事といった時間空間的な場での雰囲気こそが、その空気感である。教員で言えば、それに加え、職員室、職員会、学科会など様々な場の雰囲気のなかにいる。これは、教育現場に限ったことではない。しかしながら、学校外の人々との交流が極度に少ない学校空間においては、雰囲気の要素はより影響力をもつと考えられる。

　学校における雰囲気は、教育学においては学校文化として概念化することが可能である。学校文化研究者の志水宏吉が、ある学校を訪れた際の印象を次のように記述している。

> 　外部者である私にとって居心地のよい学校が、教師や子どもたちにとって居心地が悪いわけがない。漂うこのやさしく、活気のある雰囲気が、子どもたちの学習を促進し、多くの効果を生み出している[13]。

　ここに記述された居心地、雰囲気こそが、学校文化を体感していることにほかならない。学校文化には三つの要素、「物質的要素、行動的要素、観念的要素」[14]があるとされているが、すべてが雰囲気をつくりだす要素となる。特に、

---

[11]　ジョン・P・ミラー／吉田敦彦・中川吉晴・手塚郁恵訳『ホリスティック教育——いのちのつながりを求めて』春秋社、1994年、293〜294ページ。

[12]　吉田敦彦『ブーバー対話論のホリスティック教育』（教育思想叢書8）勁草書房、2007年、167〜191ページ。

[13]　志水宏吉「学校文化を書く」、秋田喜代美・恒吉僚子・佐藤学編『教育研究のメソドロジー』東京大学出版会、2005年、47ページ。

行動的要素、観念的要素が雰囲気をつくりだす影響が大きいと考えられる。それら二つの要素は、常に教員や児童生徒の声による言葉によって構築されている。したがって、教室においても「対話への感受性が教室の学びを決めている」[15]のであり、「情動的実践としての教師の対話」[16]が必要とされている。

つまり、学校文化を生成する基底には、常に声としての言葉が存在するのである。声による言葉こそがすべての活動の原動力であり、潜在的な影響力をもっているとも言えるのではないだろうか。これにより、学校教育におけるオラリティという視点の必要性がより明確になってくる。そして、現場にいる教員のオラリティへの意識化は、より必要不可欠な問題となってくると考えられる。

3 オラリティ教育という視点

（1）授業の雰囲気

授業における教員の言葉、児童生徒との対話を重視した授業実践報告や論文も増えつつある。これまでの日本における国語、あるいは他教科の授業は規律重視の傾向が強かった。OECD の授業の雰囲気アンケート結果についても、その効果が現れている。

OECD の授業雰囲気アンケートは、15歳を対象に国語授業について、①先生は、生徒が静まるまで長い時間待たなければならない、②生徒は先生の言うことを聞いていない、③生徒は授業が始まってもなかなか勉強にとりかからない、④授業中は騒がしくて、荒れている、⑤生徒は勉強があまりよくできていないという５点の項目について、「ほとんどない・たまにある」と答えた生徒のパーセンテージ比較である。

OECD 加盟国の大部分の生徒たちは、５項目の平均75％と、国語の授業を秩序ある雰囲気で勉強している。日本は、最低パーセンテージが87％、５項目平均が90.6％と、特にその傾向が強い。一方、デンマークは授業の雰囲気については５項目の平均が77％であった。両国とも、５項目ともに平均化したパーセ

表11－1　教師と生徒の関係調査

アンケート内容	日本	デンマーク	OECD 平均
多くの先生は、私が満足しているかについて関心がある	28%	79%	66%
たいていの先生は私を公平に扱ってくれる	74%	85%	79%
私はたいていの先生とうまくやっている	73%	89%	85%
助けが必要なときには、先生が助けてくれる	64%	79%	74%
たいていの先生は、こちらが言うべきことをちゃんと聞いている	63%	71%	67%

※ OECD 編／渡辺良監訳『できる国・頑張る国——未来志向の国をめざす日本』明石書店、2011年、89ページを参考に筆者作成。

ンテージ結果であった[17]。

　しかしながら、教員と生徒の関係についての調査では、日本は OECD 加盟国中、最も関係が弱いという結果であった（**表11－1**参照）。「多くの先生は、私が満足しているかについて関心がある」という質問に対して、28％の生徒しか肯定的な回答をしていない。この28％という数字が語りかけるものは大きい。教員の多くが、自分の満足度について関心がないと感じている生徒たちが約７割いるというこの事実を、真摯に受け止めるべきであろう。

　他の項目と比較すると大きな数字の開きが見られる。結果全体からは、「先生との関係はうまくいっているが、自分のことは分かってくれていない」という生徒たちの感情が読み取れる。そこには、表面上はうまくいっているが、本音が伝えられないという、信頼関係の危うさが存在しているのではないだろうか。

　このデータは15歳の生徒に限定されているものであり、この結果をもって日本の教育現場全体について言及することはできない。しかしながら、学校という場における生徒たちの居心地のよさ、誰かに受け止めてもらっているという

(14)　日本教育社会学会編『新日本教育社会学辞典』東洋館出版、1986年、117ページ。
(15)　秋田喜代美『教師の言葉とコミュニケーション』教育開発研究所、2011年、９ページ。
(16)　同上、28ページ。
(17)　OECD 編／渡辺良監訳『できる国・頑張る国——未来志向の国をめざす日本』明石書店、2011年、89ページ。

安心感の欠如が、現実問題として存在していることをこの結果が明らかにしていると言える。

デンマークの教育現場における声を通じた教育は、この問題を解決する一つの方法を示唆してくれる。身体的な感覚として学校の居心地のよさや安心感を、子どもたちが常に感得できるような環境をつくることがいかに重要であるかということである。さらに、声による働きかけは、子どもたちを身体感覚から揺さぶる刺激となる。それは、肉体化された知的な刺激、演劇的な感覚の刺激ともいうべきものであろう。

特に低学年においては、声による言葉を中心とした授業を多くもつことにより、理解力の低い生徒たちも安心感と存在感を抱くことが可能となるのではないだろうか。教員や生徒たちの多声的（ポリフォニック）な声が、教室における共存意識の構築に大きな役割を果たすと考えられる。

声の文化としての視点をもつことによって、教育現場に新たな枠組みを創生していく、あるいは、生徒たちとの新たな関係性を創生していく可能性を見いだすこことにつながっていくのではないだろうか。

（2）教員の声としての言葉

静かな教室は教員にとっては管理しやすく、一見落ち着いており、集中している授業と評価されるであろう。もちろん、他者の言葉に集中することは授業の大前提である。しかしながら、静かにすることだけを要求された場合、子どもたちの声の自己表現は保障されず、教員との対話、子ども同士の対話も存在しない。静かにすることではなく、他者の声に耳を傾けることが目的とされるべきなのである。

自分の考えを声に出して言うことが評価されること、それが必要なのである。たとえ、それがどんなに小さなつぶやきであっても、である。子どもたちが声の言葉の魅力を感得できた時、教室では「多声的な対話の保障」[18]が初めて成立していく。そして、「教室で子どもたちは聴き合うことで言葉と言葉がつながり、多声的であることで子どもたちの理解は深まる」[19]のである。

　ただ、これまで取り上げられてこなかった一つに、語りかける教員の声とい
う問題がある。ナラティヴ・アプローチとして対話の質についての研究や、ナ
ラティヴ・アプローチを取り入れた実践報告は日本でも発表されている[20]。し
かしながら、対話は声による言葉によってしか成立し得ない。声は身体性とい
うことであり、身体の問題でもある。ナラティヴ・アプローチをも包括するも
のとして、やはりオラリティ概念が必要ではないだろうか。

　竹内敏晴氏（17ページ参照）は、この問題を教育における声と身体の問題と
して、すでに早くから警鐘を鳴らしていた。リテラシー教育重視のなか、声と
身体の離反状況が生み出され、教育現場においても、声が子どもたちに届かな
い、子どもたちの肉体に入っていかないという状況が生まれているという問題
を取り上げてきた[21]。

　こうした現状に対して、「国語教室における身体の復権」[22]や「声のワークシ
ョップ」[23]といった実践や提案もされている。しかしながら、日本の教育カリ
キュラムのなかに具体化される段階には至っていない。

4　教員養成における課題

　文部科学省中央審議会におけるこれからの教員の資質能力についての提言の
なかでも、初任者が実践的指導力やコミュニケーション力、チームで対応する
力など、教員としての基礎的な力を十分に身に着けていないことなどが指摘さ
れている[24]。教員養成の段階において、教科指導、生徒指導、学級経営などの

---

(18)　秋田喜代美『教師の言葉とコミュニケーション』前掲、12～13ページ。

(19)　同上、13ページ。

(20)　瀬戸知也「学校知と実践――ナラティヴとしての教育を考える」、永井聖二・古賀正義
編『《教師》という仕事』学文社、2000年。矢野智司・鳶野克己編『物語の臨界――「物
語ること」の教育学』世織書房、2003年。

(21)　竹内敏晴「からだから見た教育」『教育の方法8』岩波書店、1987年、339～373ページ。

(22)　牧戸章「『からだ』の共振」、三省堂国語教育『ことばの学び』第3号、2～3ページ。

(23)　村上呂里「『肝』の文化の発信を」、三省堂国語教育『ことばの学び』第3号、8～11ページ。

職務を的確に実践できる力を育成することが求められているとしている。

　教科指導、生徒指導、学級経営などの実践における発動は、教員の声としての言葉である。教科専門の知識はもちろん必要である。しかしながら、専門知識をどのように子どもたちに伝えていくのか、彼らの興味関心を刺激していく語りかけとはいかなる語りかけなのか、イジメに取り組む場合の語りかけはどうあるべきなのか、語る内容、表情、口調のすべてが、子どもたちにとっては最も影響力のある環境なのである。

　これらの問題を教員養成の課題とし、具体的なカリキュラムとして取り組んでいくことが早急に求められているのではないだろうか。

　デンマークのみならず、教員養成カリキュラムのなかに演劇的なレッスンが組み込まれている国も少なくない。教育現場におけるコミュニケーション問題への根本的な解決方法として、教員の身体と声の開放や表現力向上が、今後さらに必要となっていくと考えられる。

　日本でも、こうした取り組みが少しずつだが始まっている。早稲田大学の「教育臨床を重視した教員養成強化プログラム」[25]において、高等学校国語科教員養成講座が開かれた。そのなかで、身体で学ぶ実践的な教育講座として声を生かすワークショップが開かれている。また、国語教育における「声がつなぐ言語教育」[26]として、オラリティの意義に言及するものも出ている。国語科の教員養成のみではなく、こうしたプログラムの必要性が教員養成全体のコンセンサスとなることが今後求められるべきではないだろうか。

　日本の教員養成におけるオラリティの意識化が、教育現場の言語活動再構築を促していくと考えられる。換言すれば、日本の教育における意識化された「オラリティ創生のはじまり」であると考えられる。

---

⑭　文部科学省「教職生活の全体を通じた教員の資質能力の総合的な向上方策について（答申）」（http://www.mext.go.jp/component/b_menu/shingi/toushin/__icsFiles/afieldfile/2012/08/30/13250941.pdf）2016年9月12日最終アクセス。

⑮　早稲田大学平成18年度「資質の高い教員養成プログラム（教員養成GP）」言葉の力を創生する教員養成プログラム——世界へひらく国語教育のために。（http://www.waseda.jp/jp/pr06/060721_p.html）2016年9月12日最終アクセス。

⑯　金井景子「フィンランド、声がつなぐ言語教育：成長を支える共同性のかたち（二）」早稲田大学教育総合研究所『早稲田教育評論』第26巻1号、211～222ページ。

あとがき

　本書は、2013年11月に早稲田大学教育学研究科に提出し、修士（実践教育学）を授与された論文「デンマークの教育におけるオラリティーに関する研究」を基に、その後の研究成果を加えたものである。修士論文執筆後、博士課程においてデンマークの教育についての研究を進め、論文としてまとめ上げることを目指してきたが、年齢とともに大きな限界も感じる毎日であった。これまで調査研究してきた内容をできればまとめて発表し、デンマークの教育について広く知っていただきたいと考えるようになっていた。

　2011年からデンマークを訪問しているが、研究という視点で視察等を本格的に始めたのは2013年からとなる。博士課程において発表してきた論文の内容の多くを本著に掲載している。本著に使用している論文の初出を発表順に示しておく。

- 「デンマークのフリスコーレにおけるオラリティーに関する考察——初等教育に着目して」『早稲田大学大学院教育学研究科紀要』第21号—２、2014年、103〜113ページ。
- 「デンマークにおける０年生の授業に関する一考察」『早稲田大学教育学会紀要』第15号、2014年、117〜124ページ。
- 「デンマークにおける北欧の教育活動との連携」早稲田大学大学院教育学研究紀要第22号—２、2015年、37〜47ページ。
- 「デンマークのフリスコーレの授業に関する一考察」『早稲田大学教育学会紀要』第17号、2016年、49〜56ページ。
- 「グルントヴィの教育理念の今日的意義」『名古屋女子大学研究紀要』第62号、2016年、195〜203ページ。

　研究および刊行に際しては、平成26年〜27年度名古屋女子大学基盤研究助成費、平成26年から29年の３年間にわたる日本学術振興会科学研究費補助金（挑

戦的萌芽研究 15K13196）の助成を受けたものである。博士課程においては、早稲田大学教育学研究科の長島啓記先生からご指導いただき、研究歴も短く、研究の基礎もできていない筆者をいつも温かく見守って下さった。博士論文には至らなかったことは申し訳ない限りであるが、ご指導いただいたことがこうした形になることで報いたいと考えている。

2011年の夏、初めてのデンマーク行きをサポートして下さった聖心女子大学の永田佳之先生には、現地でのコーディネートと通訳として鈴木優美さんをご紹介していただいた。「森のようちえん」などの訪問に加え、グルントヴィの教員養成学校の視察も予定に入れていただいた。その後、2013年8月、2014年3月、2015年3月、2016年9月と、デンマークの教育現場を視察することができた。

難解なデンマーク語と向き合う時間もなかなかとれず、多くは通訳の方に助けていただきながらの研究となった。鈴木優美さん、大野睦子ビャーソウ（Mutsuko Ono Bjerresø）さん、渡邊敦子バーテルセン（Atsuko Watanabe Bertelsen）さんの3名の方々のお力なしには成し得なかった調査ばかりである。

鈴木優美さんは長らくデンマークに在住し、デンマークの教育や社会についての本も出版されている。大野睦子さんも、デンマークの保育園で勤務され、デンマークの保育についての本を出版されている。お二人とも、教育や保育の専門家として通訳にかかわって下さった。大野睦子さんのご長女がウタスレウ公立学校の教員をなさっていた関係から、ウタスレウ学校における視察やインタビュー、さらには私が在住する岩倉市の岩倉東小学校の子どもたちとの交流企画もさせていただくことができた。

渡辺敦子さんは、日本の高等学校の講師をなさってからのち、デンマークの方とご結婚され、その後お二人のお子さまの育児にかかわりながら日本語学校の講師をなさってきた。デンマークの子育てに関する貴重なご経験をお教えくださった。また、お二人のお子さまが通学したヴァレンスベック公立学校での視察やインタビュー、アンケートなど、精力的に動いて下さった。

ウタスレウの「朝の会」で日本の学校を紹介したり、授業で子どもたちに折紙や日本の挨拶の言葉を教えたりと、研究とはまた違った形で交流ができたことは、現場にいた自分にとっては大変うれしい経験となっていった。これらの

交流を通して、デンマークの教育現場の先生方との信頼関係ができていったことも、研究の大きな支援となった。

2013年の視察を始めてから、デンマークの教育改革が推進されていった。ちょうど「リフォーム」と呼ばれる学校改革が本格的にスタートする前後に視察をさせていただいたことが、デンマークの教育の根幹とは何かについて再度考える契機になったと言える。

ウタスレウ・スコーレの朝の会で日本の子どもたちの作品紹介（左から、通訳の大野睦子さん、筆者、睦子さんの長女で教員のアスカ［Aska Ono Bjerresø］さん）

若い世代の先生方のなかには、グルントヴィについて詳しく知らない先生も出てきている。グルントヴィの「200年後に自分の理念が社会を支えてくれていれば、きっとデンマークは幸せな国になっているだろう」という言葉通りの国に現在なっているのかもしれない。しかしながら、2014年の8月の新学期から教育現場は明らかに変化している。協議社会に逆行していく流れになっているのではないかと危惧している。

先生方のご様子も、少しずつ余裕がなくなっている印象を受けてきた。2014年に実施させていただいたアンケートでは、このリフォームに対する反対の声が多く挙がっていた。少人数対象のアンケートであったため、全体の意見は把握できないが、今年の9月に視察させていただいたオレラップのエフタースコーレの先生も、デンマークの教育動向を心配であると話されていた。今後も、学校改革の動向と現場の教員の変化については注視していきたいと考えている。

本著を執筆するにあたって、これまで大変多くの方々のお力添えをいただいた。5年前に視察させていただいたフリレイアスコーレの（Ole Pedersen）先生、マチル・ボン・ブロベア・ヨハンセン（Mathilde Bonde Broberg Johansen）さん、2013年からウタスレウ学校でのコーディネートをして下さった大野睦子さんと

ご長女のアスカ・オオノ・ビャウソウ（Aska Ono Bjerresø）先生、数回にわたるインタビューにも対応して下さったニーナ・ヘデマン（Nina Hedeman）先生、ヴァレンスベック学校のコーディネートをして下さった渡辺敦子さん、そしてコニー・タヴァレス（Connie Tavares）先生、アンナ・メッタ・ビスゴー（Anne Mette Bisgård）先生、ヤーネ・クンステンセン（Jane Knstensen）先生、その他、両校で授業を視察させて下さり、インタビューも快く受けて下さった多くの先生方に心より御礼申し上げたい。

フレデリクスベア・フリスコーレのペー・スリンログ（Per Sleynlog）先生、パウ・モラー・ペダーセン（Paw Moller Pedersen）先生、急なお願いにもお応え下さったオレラップフフリスコーレのヤコブ・リンゴー（Jakob Ringgaard）先生、オレラップエフタースコーレのポール・キール・ステノム（Poul Kiel Stenum）先生方にも感謝を述べたい。出版のためならと、写真データや貴重な資料もお二人からいただいた。

そして何よりも、いつも笑顔で迎えてくれた視察させていただいた学校の子どもたちに、心より感謝したい。さらに、デンマーク滞在をずっと支えて下さった渡邊敦子さんのご一家にも、言葉では言い尽くせない感謝の気持ちでいっぱいである。

3回にわたる視察をさせていただいたウタスレウ・ヴァレンスベックの先生方や子どもたちには、ぜひ拙著をご覧いただければと願っている。デンマーク語への翻訳の実現は難しいが、まずは写真だけでもと、次回デンマークに行った折にプレゼントしたいと考えている。

デンマークのことをいつも熱く語って下さり、グルントヴィの理念についていろいろとご指導くださいました名古屋大学の小池直人先生、修士論文も読んで下さり、その後もいろいろなご助言をいただきました清水満先生に心から感謝の意を述べたい。そして最後に、未熟な原稿内容に膨大な時間をかけて向き合っていただいた株式会社新評論の武市一幸様に心から御礼申し上げたい。

2016年　秋

　　　　　　　　　　　　　　　　　　　　　　　児玉珠美

引用・参考文献一覧

【海外文献　（　）内は邦訳書】

・Adam Parry, *The Making of Homeric Verse: The Collected Papers on MilmanParry,* Oxford, 1971.

・Cristjan R. Stenb. k., *Bidrag til Kristen Mikkelsen Kolds levnedstegning,* 1893.

・Cristian Flor, *Beretning om Folkøjskolen I Rødding,* Kbh, 1855.

・Cristian Flor, *Kort Fremstilling of N. F. S. Grundtigs mythologisk og historiske Betragtingsmaade,* Kbh, 1865.

・Christen Kold, *Om børneskolen, Let forkorted og sprogligt besrbejdet,* af Lars Skriver Svendsen, Friskolebladet/Dansk Friskoleforening, 2, undgave 1986.

・Christen Kold, *Christen Kold fortæller udg. og bearbejedet,* af Lars Skriver Svendsen, Friskolebladet/Dansk Friskoleforening, 1988.
（以上2著書の内容は、クリステン・コル／清水満訳『子どもの学校論』新評論、2007年に所蔵）

・Den frie Lærerskole, *Welcome to The Independent Academy for Free School Teaching.* Den frie Lærerskole, 2011.

・Edward, B., NielsJ., *A grundtivig Anthology,* Centrum, 1984.
（エドワード・B、ニルス・L・J／小池直人訳『生の啓蒙「北欧神話記」第一序論』風媒社、2011年）

・Edward Broadbridge, *The School for Life: N. F. S. Grundtvig on the Education for the People,* Aarhus University Press, 2011.

・Flick. U, *Qualitative Vorschung,* Rowohlt Traschenbuch Verlag, 1995.（フリック・U／小田博志・山本規子・春日常・宮地尚子訳『質的研究入門──〈人間の科学〉のための方法論』春秋社、2002年）

・N. F. S. Grundtig, *Om Mennesket i Verden,* Danne-Virke, 1817, i: K. B. Gjesung, Poul Kristensen, 1983.（小池直人『世界における人間』風媒社、2009年）

・N. F. S. Grundtig, *Om Videnskabeligheds Forhold til Erfaring og sund Menneske* Forstand, 1832, i:H. Begtrup(red), *N. F. S. Grundtigs Udvalgte Skrifter,* Bd. 3, 1948.

・N. F. S. Grundtig, *Universal-Historik Vidskab,* i:Kristensen, G. og H. Koch(red.), *N. F. S. Grundtig Værker i Udvalg,* Bd. 4, 1940.

・N. F. S. Grundtig, *Statsmæssing Oplysning,* Nyt nordisk Forlag Arnord Busck, 1834.

・N. F. S. Grundtig, *Oplysning,* i: Kristensen　og　Koch(red.), *N. F. S. Grundtvig Værker i Udvalg,* Bd. 8.（以上4著書の内容は、グルントヴィ／小池直人『生の啓蒙』風媒社、2011年に所蔵）

・N. F. S. Grundtig, *Skolen for Livet og Akademiet i Soer: Borgerlig Betragtet,* 1838, i: Kristensenog.

・Hal Koch(red.), N. F. S. Grundtvig Værker i Udvalg, Bd. 4, 1940.
（以上2著書の内容は、小池直人訳『ホイスコーレ（上）』風媒社、2014年に所蔵）

・Hal Koch, *Hvad er Demokrati?,* Nordisk Forlag A/S, Copenhagen 1945.（ハル・コック／小池直人訳『生活形式の民主主義』花伝社、2004年）

212

· Hal Koch, *N. F. S Grundtvig*, 2. udgave, Gyldendal, 1959.（ハル・コック／小池直人訳『グルン
トヴィ』風媒社、2007年）
· Hannah Arendt, *Eichmann in Jerusalem: A Report on the Banality of Evil*, The Newyorker, 1963.（ハ
ンナ・アレント／大久保和郎訳『イェサレムのアイヒマン』みすず書房、1969年）
· Herder, Johann Gottfried, Abhandlung über den Ursprung der Sprache, Strasbourg, 1770. （ヘルダ
ー／木村直司訳『言語起源論』大修館書店、1972年）
· Herder Johann Gottfried, *Auch eine Philosophie der Geschichte zur Bildung der Meschheit,* 1774,
Sämtliche Werke V, Herausgegeben von Bernhard Suphan Georg, Olms Verlagbuchhandlung,
Hildesheim, 1967.（ヘルダー／小栗浩・七宗慶紀訳『人間形成のための歴史哲学異説』（世
界の名著）中央公論新社、1975年）
   Hollmann. A. H, *Die dänische Volkshochschule und ihre Bedeutung,* für die Entwicklung einer
Völkischen Kultur in Dänemark, 1913.（A・H・ホルマン／那須皓訳『国民高等学校と農民文
明』日本図書センター、1991年。同志社大学、大正2年刊行版の復刻）
· John Miller P, *The holistic curriculum*, University of Toronto Press, 1988.（ジョン・ミラー・P／
吉田敦彦・中川吉晴・手塚郁恵訳『ホリスティック教育──いのちのつながりを求めて』
春秋社、1994年）
· Kai Thaning, *N. F. S Grundtvig, The Danish Cultural Institute*, Copenhagen, 1972.（カイ・タニン
グ／渡部光男訳『北方の思想家　グルントヴィ』杉山書店、1987年）
· Marshall Mcluhan, *The Gutenberg Galaxy*, University of Toront Press, 1962.（マーシャル・マク
ルーハン／森常治訳『グーテンベルグの銀河系──活字人間の形成』みすず書房、1986年）
· Martin Buber, *Ich und du Zwiesprache*, Schocken, 1932.（マルティン・ブーバー／植田重雄訳
『我と汝・対話』岩波新書、1979年）
· Maurice Merleau-Ponty, *Eloge du la Philosophie L'oeil et L'*esprit, 1961.（メルロ＝ポンティ／滝
浦静雄・木田元訳『眼と精神』みすず書房、1977年）
· *Mennesket i Verden,* Nikolay Frederik Severin Grundtvig, Danne-Virke, 1817. K. B. Gjesung, Poul
Kristensen, 1983.（N. F. S. グルントヴィ／小池直人訳『世界における人間』風媒社、2010年）
· Miles, M. B. &Huberman. A. M. *Qualitative Date Analisis* :Asourcebook of newMethods, 2nd.
Thusand Oaks, 1994.
· OECD, *Education at Glance:OECD INDICATORS,* Paris, OECD, 2008.（OECD 編／徳永優子・
稲田智子・来田誠一郎・矢倉美登里訳『図表でみる教育2008』明石書店、2008年）
· OECD, *Education at Glance:OECD INDICATORS*, Paris, OECD, 2010.（OECD 編／徳永優子・
稲田智子・来田誠一郎・矢倉美登里訳『図表でみる教育2010』明石書店、2014年）
· OECD, *Education at Glance:OECD INDICATORS*, Paris, OECD, 2014.（OECD 編／徳永優子・
稲田智子・来田誠一郎・矢倉美登里訳『図表でみる教育2014』明石書店、2014年）
· OECD, *Strong Performers and Successful Reformers in Education - Lessons from PISA for Japan,*
OECD, 2011.（OECD 編／渡辺良監訳『できる国・頑張る国──未来志向の国をめざす日
本』明石書店、2011年）
· OECD, *Reviews of Migrant Education, Closing the Gap for Immigrant Students Policies, Practice
and Performance,* OECD, Paris, 2011.（OECD 編／斉藤里美監修『移民の子どもと格差』明石

書店、2011年）

・OECD, *Where Immigrant Students Succeed A comparative review of performance and ngagement,* OECD, Paris, 2007.（OECD編／斉藤里美監修『移民の子どもの学力』明石書店、2007年）

・Ove Korsgaard, Kampen Om Lyset-Dansk Voksenoplysning Gennem 500ar, Gyldendalske, Boghandel, Nordisk forlagA/S. 1997.（オヴェ・コースゴー／高倉尚夫訳『光を求めて──デンマークの成人教育500年の歴史』東海大学出版部、1999年）

・Ove Korsgaard, Uffe Jonas, Clay Warren, *The School for Life – N. F. S Grundtivig Education for People*, Aarhus Univesity, 2011.

・Ove Korsgaard, *Grundtvig's Educational Ideas*, Heimdal, No24. 2002.12（オヴェ・コースゴー／清水満訳「グルントヴィの教育思想」『日本グルントヴィ教会会報』No24、2012年）

・Per Himmelstrup, *Discover Denmark-on Denmark and the Danea, Present and Future*, The Danish Cultural Institute, Copenhagen and Systime Publishers Ltd., Aarhus, 1992.

・Poul Dam. *F. S. Grundtig*, Aros Forlag, 1983.（小池直人「グルントヴィ小伝──時代と思想」名古屋大学社会文化形成研究会ディスカッションペーパー、2015年）

・Saussure, F. *TheVoice of the Post: Oral History,*(3rd ed.) Oxford Universty Press. 1960.（フェルニナン・ド・ソシュール／小林英夫訳『一般言語学講義』岩波書店、1972年）

・Steven M. Borish, *The Land of the Living The Danish folk high school and Denmarks non-violent path to modernization.* California, Blue Dolphin Publishing, Inc. 1991.（スティーヴン・ボーリシュ／福井信子訳、難波克彰監修『生者の国──デンマークの学ぶ全員参加の社会』新評論、2011年）

・Walter. J. Ong, *Orality and Literacy*, Methuen&Co. Ltd, 1982.（ウォルター・J・オング／桜井直文・林正寛・糟谷啓介訳『声の文化と文字の文化』藤原書店、1991年）

【日本語文献】

・青江知子・大野睦子ビャーソゥー『個を大切にするデンマークの保育』山陽新聞出版センター、2011年。

・浅野仁・牧野正憲・平林考裕『デンマークの歴史・文化・社会』創元社、2006年。

・秋田喜代美『教師の言葉とコミュニケーション』教育開発研究所、2011年。

・青江知子・大野睦子ビャーソゥー『個を大切にするデンマークの保育』山陽新聞出版センター、2011年。

・石附実「デンマーク教育と大正日本」『日本教育史論叢』思文閣、1988年。

・内村鑑三著『後世への最大遺物　デンマルク国の話』岩波文庫、1994年。

・OECD教育研究革新センター『形成的アセスメントの学力──人格形成のための対話学習をめざして』有本昌弘監修、明石書店、2008年。

・OECD教育革新センター『親の学校参加』（中嶋博・山西優二・沖清豪訳）学文社、1998年。

・岡田敦司『人間形成にとって共同体とは何か』ミネルヴァ書房、2009年。

・金井景子「フィンランド、声がつなぐ言語教育：成長を支える共同性のかたち（二）」『早稲田教育評論』26号1巻、2012年。

・鯨岡峻『原初的コミュニケーションの諸相』ミネルヴァ書房、1997年。

・小池直人『デンマークを探る』風媒社、1999年。
・坂元忠芳『情動と感情の教育学』大月書店、2000年。
・斉藤修「デンマークの就学前教育制度」盛岡大学短期大学部紀要 第18巻、2008年。
・先山実『デンマークを知るための68章』（村井誠人編）明石書店、2009年。
・佐々木正治「デンマーク教育史」『北欧教育史』世界教育史体系14巻、世界教育史研究会編、講談社、1976年。
・清水満『改訂新版　生のための学校』新評論、1993年。
・清水満『共感する心、表現する身体』新評論、1997年。
・志水宏吉「学校文化を書く」、秋田喜代美・恒吉僚子・佐藤学編『教育研究のメソドロジー』東京大学出版会、2005年所収。
・鈴木優美『デンマークの光と影』リベルタ出版、2010年。
・皇紀夫「教育『問題の所在』を求めて」、小林剛・皇紀夫・田中孝彦編『臨床教育学序説』柏書房、2002年。
・瀬戸知也「学校知と実践——ナラティヴとしての教育を考える」、永井聖二・古賀正義編『《教師》という仕事』学文社、2000年。
・竹内敏晴『ことばが劈かれるとき』筑摩書房、1988年。
・竹内敏晴「からだから見た教育」、東洋・稲垣忠彦・岡本夏木・佐伯胖・波多野誼余夫・堀尾輝久・山住正己編『教育の方法8』岩波書店1987年所収。
・田中孝彦『子ども理解』岩波書店、2009年。
・田中孝彦「臨床教育学の輪郭」、小林剛・皇紀夫・田中孝彦編『臨床教育学入門』柏書房、2002年所収。
・堀尾輝久『学校文化という磁場』（講座学校第6巻）柏書房、1996年。
・橋本淳『デンマークの歴史』創元社、1999年。
・保坂亨『学校を休む』学事出版、2009年。
・広田照幸『教育学』岩波書店、2009年。
・牧戸章「『からだ』の共振　」、『ことばの学び』三省堂2009年11月号所収。
・御園喜博「デンマーク：変貌する『乳と蜜の流れるさと』」東京大学出版会、1970年。
・村上呂里「『肝』の文化の発信を」、三省堂国語教育『ことばの学び』第3号、2003年。
・耳塚寛明『日本教育社会学辞典』（日本教育社会学会編）東洋館出版、1986年。
・吉田敦彦『ブーバー対話論のホリスティック教育』（教育思想叢書8）勁草書房、2007年。
・和田町子「＜語る言葉＞について、その一——メルロ＝ポンティの言語哲学に関する一考察」聖心女子　大学論叢44集、1974年。
・矢野智司・鳶野克己編『物語の臨界——「物語ること」の教育学』世織書房、2003年。
・V. Hordel・千葉忠夫「国際シンポジウムーいじめ・不登校のないデンマークに学ぶ」『武庫川女子大学大学院、臨床教育学研究紀要』第12号、武庫川女子大学、2005年。

【参考 URL・デンマーク関連】（閲覧日の記載のないものは2016年9月12日に確認）
・デンマーク教育省　http://www.uvm.dk
・デンマーク教育省「公立学校」　http://www.uvm.dk/Uddannelser-og-dagtilbud/Folkeskolen

・デンマーク教育省「私立学校」 http://eng.uvm.dk/Education/Primary-and-Lower-Secondary-Education/Private-Schools-in-Denmark
・デンマーク教育省「義務教育」 http://eng.uvm.dk/Education/Primary-and-Lower-Secondary-Education/The-Folkeskole
・デンマーク私立学校法 https://www.retsinformation.dk/Forms/R0710.aspx?id=182103
・デンマーク私立学校監督について http://uvm.dk/Uddannelser/Frie-grundskoler/Tilsyn/Certificeret-tilsynsfoerende
・デンマーク教育省「評価条例」 https://www.retsinformation.dk/Forms/R0710.aspx?id=25308
・デンマーク教育省「後期中等教育試験内容」 http://uvm.dk/Uddannelser-og-dagtilbud/Gymnasiale-uddannelser/Proever-og-eksamen/Evaluering-af-gymnasiale-eksaminer
・デンマーク教育省「ナショナルテスト科目」 http://uvm.dk/Uddannelser/Frie-grundskoler/Proever-test-og-evaluering/Nationale-test-paa-frie-grundskoler
・デンマーク教育省「評価について」 http://www.uvm.dk/Uddannelser/Folkeskolen/Folkeskolens-proever
・デンマーク教育省「デンマーク評価審査官について」 http://uvm.dk/Uddannelser/Folkeskolen/Folkeskolens-proever/Censur-og-evaluering/Bedoemmelse-og-censur
・デンマーク学習コンサルタントについて http://www.uvm.dk/Uddannelser/Folkeskolen
・デンマーク教育関連統計情報 http://www.uvm.dk/Service/Statistik/Statistik-om-folkeskolen-og-frie-skoler/Statistik-om-elever-i-folkeskolen-og-frie-skoler/Elevtal-i-folkeskolen-og-frie-skoler
・SU 制度 http://www.su.dk/forside
・斉藤寿「デンマーク憲法：解説と訳文」駒沢大学法学論集、CiNii オープンアクセス http://ci.nii.ac.jp/naid/110000213078
・フリスコーレ協会 http://www.friskoler.dk/
・フリスコーレ法 https://www.retsinformation.dk/Forms/R0710.aspx?id=182103
・オレラップ・フリスコーレ http://www.ollerupfriskole.dk/
・フレデリクスベヤ・フリスコーレ http://frederiksbergfriskole.skoleporten.dk/sp
・エフタースコーレ協会 http://www.efterskole.dk/
・スカルフ・エフタースコーレ http://www.skals-efterskole.dk/
・ヒメルベヤー・エフタースコーレ http://himmelbjergegnens.dk/
・オスタースコヴ・エフタースコーレ http://osterskov.dk/
・アスコー・エフタースコーレ http://www.askovefterskole.dk/
・オレラップ・エフタースコーレ http://www.ollemus.dk/
・フリーレーヤースコーレ http://www.dfl-ollerup.dk/
・ヴァレンスベック・スコーレ http://www.vallensbaekskole.skoleintra.dk/
・デンマーク公式ウェブサイト「The Offical Website of Denmark」 http://denmark.dk/en/meet-the-danes/work-life-balance-the-danish-way/happy-danes/
・デンマーク教育省「青少年ガイダンスセンター」 http://eng.uvm.dk/Education/Guidance/Youth-Guidance-Centres
・デンマーク教育省「中等教育 ICT プログラム」 http://eng.uvm.dk/Fact-Sheets/Upper-secondary-

education/Information-and-Communication-Technologies-ICT-in-Upper-Secondary-Education
- OECD　PISA　https://www.oecd.org/pisa/keyfindings/
- デンマーク教育省「新しい学校（Den-nye-folkeskole）」http://uvm.dk/Den-nye-folkeskole
- アメリカの「ワールド・バリューズ・サーベイ（世界の価値観調査）」http://www.worldvaluessurvey.org/
- 国際連合世界幸福度報告書　http://worldhappiness.report/wp-content/uploads/sites/2/2016/03/HR-V1_web.pdf
- EVA（デンマーク教育評価研究所）　http://www.eva.dk/
- 北欧理事会　http://nynordiskskole.dk/
- 自治体連合報告書　http://www.kl.dk/ImageVault/Images/id_58304/scope_0/ImageVaultHandler.aspx
- デンマーク教育大臣 Bertel Haarder 巻頭言　http://uvm.dk/Uddannelser-og-dagtilbud/Folkeskolen/Faelles-Maal/Ministerens-forord（2012年11月20日最終アクセス）
- デンマーク教育大臣プレス発表　http://uvm.dk/Om-os/Ministeren/Indlaeg-i-dagspressen/121129-Dialog-med-laererne-er-vigtig（2012年12月1日最終アクセス）
- 清水満「デンマークのフリースコーレとエフタースコーレ」http://www.asahi-net.or.jp/~pv8m-smz/archieve/Danish_Free_Schools.html

【参考 URL・日本関連】
- 文部科学省「新指導要領における言語活動の充実」平成22年5月11日付、22文科初第1号。http://www.mext.go.jp/a_menu/shotou/new-cs/gengo/1300857.htm（2012年12月24日最終閲覧）
- 文部科学省・道徳『こころのノート』　http://www.mext.go.jp/a_menu/shotou/doutoku/detail/1302315.htm（2012年12月22日最終アクセス）
- 文部科学省「教職生活の全体を通じた教員の資質能力の総合的な向上方策について（答申）」http://www.mext.go.jp/component/b_menu/shingi/toushin/__icsFiles/afieldfile/2012/08/30/13250941.pdf（2012年12月9日最終アクセス）
- 早稲田大学平成18年度「資質の高い教員養成プログラム（教員養成 GP）」言葉の力を創生する教員養成プログラム——世界へひらく国語教育のために　http://www.waseda.jp/jp/pr06/060721_p.html（2012年11月29日最終アクセス）
- 柳沢房子「フレシキュリティ　—EU社会政策の現在—」レファレンス、2010年。http://www.ndl.go.jp/jp/data/publication/refer/200905_700/070006.pdf（2012年12月23日最終アクセス）

＊本書に掲載されている写真は、すべて掲載の承諾をいただいたものである。

著者紹介

児玉珠美（こだま・たまみ）

名古屋女子大学短期大学部保育学科専任講師。早稲田大学大学院教育学研究科博士後期課程満期退学。専門は実践教育学、比較教育学。
同志社大学文学部卒業後、中学・高校の教員を経て、声の表現活動を始める。
2008年のパリ国立高等音楽院声楽科研修を経て、デンマークの教育研究を始める。
2010年より、オラリティの視点から乳幼児への語りかけ方であるマザリーズの実践研究に取り組み、乳親子を対象としたマザリーズ教室を展開している。
著書として、『０・１・２歳の子育てと保育に活かすマザリーズの理論と実践』（共編著）北大路書房、2015年がある。
主な論文として、「デンマークのフリースコーレにおけるオラリティに関する考察——初等教育に着目して」早稲田大学大学院教育学研究科紀要第21号－２、2014年。「グルントヴィの教育理念の今日的意義」名古屋女子大学研究紀要第62号、2016年などがある。

デンマークの教育を支える「声の文化」

—オラリティに根ざした教育理念—

（検印廃止）

2016年12月10日　初版第1刷発行

著　者	児　玉　珠　美
発行者	武　市　一　幸

発行所　株式会社 新　評　論

〒169-0051　東京都新宿区西早稲田3-16-28
http://www.shinhyoron.co.jp

TEL 03 (3202) 7391
FAX 03 (3202) 5832
振替 00160-1-113487

落丁・乱丁本はお取り替えします。
定価はカバーに表示してあります。

印刷 フォレスト
装丁 山田英春
製本 松岳社

クリステン・コル／清水 満 編訳

コルの「子どもの学校論」

デンマークのオルタナティヴ教育の創始者

デンマーク教育の礎を築いた教育家の思想と実践。本邦初訳！

[四六並製　264頁　2000円　ISBN978-4-7948-0754-0]

清水 満 編

［改訂新版］ 生のための学校

デンマークで生まれたフリースクール
「フォルケホイスコーレ」の世界

教育を通じた社会の変革に挑むデンマークの先進的取り組み。

[四六並製　336頁　2500円　ISBN4-7948-0334-6]

オヴェ・コースゴー／清水 満 訳

政治思想家としてのグルントヴィ

現代デンマークを代表する知識人の一人である著者が、教育改革者
グルントヴィの「政治思想家」としての側面に光をあてる意欲作。

[四六並製　276頁　2500円　ISBN978-4-7948-1027-4]

清水 満

共感する心、表現する身体
美的経験を大切に

知育重視の教育を超えて！子どもの表現を育む「生き方の教育」。

[四六並製　264頁　2200円　ISBN4-7948-0292-7]　柳田茂樹氏推薦

H. アイヒベルク著／清水 諭訳

身体文化のイマジネーション

デンマークにおける「身体の知」

哲学、歴史学、社会学、政治学、文化論といった超領域的な視点、そして
壮大かつ自由に飛翔する知をもって語られる新たな身体文化の理論。

[四六上製　352頁　3200円　ISBN4-7948-0337-0]

表示価格は本体価格（税抜）です。